大学生就业指导与实践

曹　瑛　王觊婧　李　娜　编著

湘潭大学出版社
XIANGTAN UNIVERSITY PRESS

图书在版编目（CIP）数据

大学生就业指导与实践 / 曹瑛，王觊婧，李娜编著
. -- 湘潭 ： 湘潭大学出版社， 2023.7
ISBN 978-7-5687-1167-8

Ⅰ. ①大… Ⅱ. ①曹… ②王… ③李… Ⅲ. ①大学生
－职业选择－高等学校－教材 Ⅳ. ① G647.38

中国国家版本馆 CIP 数据核字（2023）第 128221 号

大学生就业指导与实践

DAXUESHENG JIUYE ZHIDAO YU SHIJIAN

曹瑛 王觊婧 李娜 编著

责任编辑： 王亚兰
封面设计： 李 平
出版发行： 湘潭大学出版社
社 址： 湖南省湘潭大学工程训练大楼
电 话： 0731-58298960 0731-58298966（传真）
邮 编： 411105
网 址： http://press.xtu.edu.cn/
印 刷： 长沙市精宏印务有限公司
经 销： 湖南省新华书店
开 本： 787 mm×1092 mm 1/16
印 张： 13
字 数： 270 千字
版 次： 2023 年 7 月第 1 版
印 次： 2023 年 7 月第 1 次印刷
书 号： ISBN 978-7-5687-1167-8
定 价： 39.80 元

《大学生就业指导与实践》编委会

编　著：曹　瑛　王觊婧　李　娜

编　委：郑　纯　彭　博　兰贵辉　杨舒文

前 言

随着我国高等教育步入大众化时代，高校就业指导工作、就业指导课程改革与发展呈现新的机遇和挑战。为了帮助高校学生更好地学习就业的基本知识，了解当前的就业形势以及国家就业政策，正确认识自我，树立正确的职业观、择业观、就业观、创业观，提升就业能力与职业素质，实现职业目标。我们以《大学生职业发展与就业指导课程教学要求》为指南，并广泛借鉴兄弟院校的同类教材，重构课程体系，针对学生特点组织和选取教学内容，编写了本书。

《大学生就业指导与实践》分三篇共八个章节，包括：策略篇——就业准备（大学生就业指导概述、大学生就业能力培养、大学生就业的前期准备、笔试与面试）、政策篇——流程法规（毕业管理与就业流程、就业权益与法律保护）、实战篇——职场适应（职场适应与自我管理、大学生自主创业）三部分。紧紧围绕大学生求职、择业、就业、创业和职业发展需要，按照循序渐进的原则，结构严谨、内容新颖，力求帮助广大高校学生切实解决求职、就业和职业发展过程中的各种实际问题。编排形式上采用案例导入、职场故事、拓展阅读、互动空间、开放性问题等形式，深入浅出，寓教于乐。

最后，对本书所参阅文献资料的作者表示诚挚的谢意，同时，对关心本书出版的专家、学者表示感谢。由于编者水平有限，书中疏漏和不妥之处在所难免，恳请专家、同仁及广大读者批评指正。

编 者

2023 年 5 月

目　录

策略篇——就业准备

政策篇——流程法规

实战篇——职场适应

策略篇——就业准备

第一章　大学生就业指导概述

学习目标

1. 了解大学生当前的就业形式。
2. 了解大学生当前的政治、经济、社会文化环境。
3. 掌握国家针对高校毕业生的就业政策。
4. 熟悉大学生的就业渠道。

案例导入

陈金阳的家在重庆市奉节草堂镇的一个小村落里，高考后收到了重庆工程学院的录取通知书。她的父母都是地地道道的农民，靠务农和开小旅馆维持生计，还有一个正在读高中的弟弟，陈金阳不禁为自己的未来犯了愁。“读！一定要好好读！”老实巴交的父亲用力鼓励陈金阳。

来到重庆工程学院之后，面对突如其来的精彩世界，陈金阳并没有乱了思绪，而是踏踏实实学习，认真、勤问、积极，在老师和同学们眼里，陈金阳是一个学习的榜样。除了专业的相关书籍，《资本论》《国富论》这些难啃的名著也是他的“精神食粮”。在专业忙碌的学习之外，他还自考了国际金融专业本科第二学历。

两次“国家励志奖学金”、三次“校优秀学生奖学金”以及“自立自强先进个人标兵”“精神文明建设标兵”“学校优秀学生干部”……当荣誉滚滚而来，陈金阳没有沾沾自喜，只是日复一日保质保量做好自己的本职工作。

转眼到了大四，陈金阳也和其他同学一样，面临着人生的重大抉择。就业？创业？还是继续深造？每天，他都会问自己无数次。

这时，陈金阳的入党介绍人毛小扬老师来到了他的面前，对他说：“去基层吧，去国家需要你们的地方。”这位陈金阳大学的人生导师，用一字一句鼓励着眼前的爱徒。

“我当时豁然开朗，是啊，我还有很多力量可以奉献。”陈金阳心想。大四上半年，陈金阳综合自身专业、特长、家庭和社会等各方面情况，决定参加湖北选调生考试。他说：“我报名参加了学校针对毕业生组织的相关个性化培训，尤其是一些关于报考流程、技巧，选考地区、岗位等方面的指导，对我帮助很大。”

陈金阳报名后，经过笔试、面试，5月接受湖北仙桃市委组织部现场考查，之后赶到湖北省仙桃市体检，一切顺利进行，陈金阳成功了。去单位报到那天，坐在车上的陈金阳看见父母哭了。带着亲人的嘱托和内心的信念，陈金阳开启人生新征程。

经过一年的努力，他逐步完成了从学校到农村基层、从大学毕业生到基层工作者的双重转变，在这个过程中更加坚定了基层就业的信念，并获评为“基层就业优秀大学生”。现在的陈金阳已经熟悉了村里的一切，大家也都愿意和他这位“大学生村官”打交道，每次在路上遇到村民，都会热情地和他打招呼。

第一节　大学生就业形势和就业流程

中国是世界上劳动力资源最丰富的国家，近年来一直面临着十分严峻的就业形势。劳动力供求矛盾、经济社会环境的变化、就业体制与就业社会化管理的要求等各种因素综合影响着就业形势。作为大学生，了解就业形势，熟悉就业政策，掌握就业相关的制度，才能更好地规划就业，顺利走向工作岗位。

一、学生就业供求矛盾依然存在

大学生就业形势严峻，有多方面的表现，从宏观层面来看，体现为供求的矛盾。我国大学生就业面临的是供求总量矛盾和结构性矛盾共存的复杂局势。

（一）大学生就业供求总量矛盾

在供给方面，中国人口的庞大基数和高出生率的惯性，使得新生劳动力一直保持了较高水平增长。据人力资源和社会保障部（以下简称人社部）2023年发布的《2022年度人力资源和社会保障事业发展统计公报》显示：2022年末全国就业人员73351万人，其中城镇就业人员45931万人，占全国就业人员比重62.6%。全年城镇新增就业1206万人，城镇失业人员再就业517万人，就业困难人员就业177万人。全年全国城镇调查失业率平均值5.6%，年末全国城镇调查失业率5.5%。

高校毕业生数量连年攀升。据人社部数据显示，2022届高校毕业生总规模高达1076万人，同比增加167万，再创历年新高。高校毕业生的就业高峰与全社会的就业高峰重叠，就业压力逐渐凸显。2010年至2022年全国高校毕业生数量变化如图1－1所示。

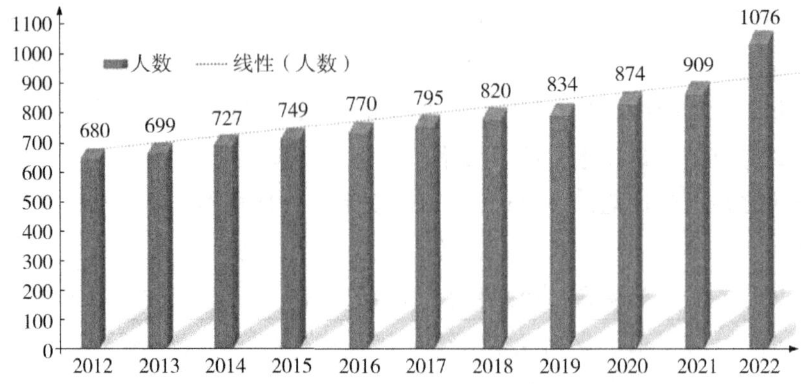

图 1－1　2010—2022 年全国高校毕业生人数统计情况
（资料来源：教育部网站）

在需求方面，近年来国际经济形势十分复杂，尽管世界经济呈现缓慢复苏态势，但国际金融危机的后续效应依然存在，全球主要机构也多次下调世界经济增长预期。作为新兴市场国家的中国，资本流出风险加大，劳动力成本不断上升，导致经济高速增长变得越来越困难。中国现代国际关系研究院世界经济研究所所长陈凤英认为："新兴市场国家到了调整期，就像人在长跑后透支了体力需要休息一样，新兴市场在高增长时期无暇顾及的产能过剩、效率低下等问题，现在需要进行调整。"

据智联招聘发布的《2022 大学生就业力调研报告》显示，2022 届毕业生主动降低就业期待，近半数求职成功。报告显示，截至 4 月中旬，求职应届毕业生中有 46.7% 求职成功；38.1% 获得 1 至 3 个工作邀约；15.4% 已签约。另外，2022 届高校毕业生中，50.4% 选择单位就业，较去年下降 6%；自由职业、慢就业比例均较去年提高约 3%。

从 2021—2022 届高校毕业生就业去向占比来看，毕业生企业就业率呈下降趋势。据教育部发文，2022 研究生招生考试共有 457 万人报考，较比去年增加了 80 万，报名总数和增量都创历史新高。2022 届高校毕业生选择考研的人数占比为 40.78%，较 2021 届增长 6.57 个百分点。除考研外，2022 国家公务员考试报名人数高达 212.3 万，首破 200 万；2022 届高校毕业生考取公务员/事业单位占比为 17.57%，较 2021 届增长 0.73 个百分点。

从数据可以看出，毕业生存在"慢就业"心理，而更多毕业生选择继续深造。随着毕业生数量的逐年增长，就业难度指数也在随之增加，毕业生为在众多求职者中脱颖而出，开始选择考研或者出国深造来增加自身含金量。可以说，大学生就业供求总量矛盾依然存在。

（二）大学生就业供求结构性矛盾突出

劳动力供求一方面存在总量的不平衡，另一方面，企业"招工难"的问题不断蔓延，在一批劳动者难以实现就业的同时，有一批企业则难以招到员工，这便是就业结构性矛盾的突出表现。

我国就业结构性矛盾突出表现在以下三方面：一是劳动力的技能素质与岗位需求不相适应；二是第三产业就业率偏低；三是大专以上文化程度的高校毕业生就业难度大，从统计数据看，他们的就业难度是持续上升的。

课堂活动

小组讨论

从大学生自身原因出发，你觉得大学生就业难的原因是什么？结合当前的整体就业形势和所学专业的就业形势，提出个人发展方向及应该采取的应对措施。（可参考下列几种可能存在的原因进行讨论）

1. 期望与现实之间落差大；
2. 在校学习的知识无法满足工作所需；
3. 不了解职场与职位信息；
4. 缺乏职业发展规划；
5. 工作岗位减少；
6. 求职主观能动性低；
7. 其他。

二、高校就业工作的基本流程

每年，高校毕业生就业工作的大体流程如下：

（1）国家有关部门制定毕业生就业政策，确定就业工作实施意见。

（2）教育部门和各高校对毕业生资格进行审查、统计、汇总和向社会公布毕业生资源信息。各地区、用人单位提供毕业生需求信息，向社会通报需求情况。

（3）高等学校和各级毕业生就业指导机构对应届毕业生进行就业指导与教育包括思想教育、就业咨询、形势分析以及就业政策、信息、择业技巧、创业实务等方面的指导，帮助毕业生根据自身特点和社会需求选择职业，落实就业单位或实现自主创业。

（4）组织“供需见面，双向选择”活动。按教育部和省级毕业生就业主管部门规定每年 11 月末至下一年的 5 月中旬，各级就业主管部门将通过毕业生就业市场，采取多种形式举办毕业生和用人单位参加的“供需见面，双向选择”的洽谈活动，为毕业生求职择业创造条件、提供服务。供需双方达成一致即可签订《毕业生就业协议书》。

（5）制定毕业生就业方案。毕业生与用人单位“双向选择”，签订《毕业生就业协议》报就业主管部门审核，纳入毕业生就业方案。随着高校毕业生就业制度改革的不断深化，就业方案的编制方式也在不断变化。

（6）毕业生就业派遣工作。每年6月底至7月中旬由省级毕业生就业主管部门按照毕业生就业方案办理省内各高校毕业生《就业报到证》和有关派遣手续。各高等学校在完成全部教学计划后，按照国家要求，一般从7月1日开始根据就业方案为毕业生办理离校手续。在派遣过程中如出现特殊情况需要调整改派的，经学校同意后由省毕业生就业主管部门审核批准方可办理。

（7）毕业生报到与接收。已落实就业单位的毕业生，在规定时限内持《全国普通高校本专科毕业生就业报到证》或《全国毕业研究生就业报到证》到工作单位报到，用人单位凭《报到证》并按当地有关要求和规定办理接收手续和户口关系。回家庭所在地二次就业的毕业生继续通过就业市场落实就业单位。在此期间，在本地区找到单位的，由当地就业主管部门办理派遣手续；如在生源地之外地区找到就业单位的，经生源地区毕业生就业主管部门签署意见后仍可经毕业院校所在地区的省级毕业生就业主管部门办理改派手续。

三、就业信息的统计与核查

（一）就业统计工作的重要性

高校毕业生就业统计是一项非常重要的工作，对于了解高校毕业生就业情况、分析和预测毕业生就业趋势、制定毕业生就业政策、维护社会稳定和高等教育改革发展都起着至关重要的作用。

高校毕业生就业统计的指标是多方面的，包括签约率、就业率、待就业率、灵活就业比例、登记失业率、地区流向、单位性质分布、起薪水平、满意度（毕业生、用人单位）、就业工作与专业相关性等。这些指标可以从不同的角度反映高校毕业生就业情况，同时，可以全面反映高校毕业生就业工作状况。通过几年的统计数据趋势分析，可以看到国家经济、社会发展状况以及今后毕业生就业的发展趋势。统计的结果不仅关系到高等教育事业的发展，关系到高校的专业设置和人才的培养结构，也关系到国家的宏观决策和社会的稳定。高校毕业生就业状况和统计数据也广泛受到社会和媒体关注。所以，做好毕业生就业统计工作是就业管理工作中的一个重要环节，应该引起各级就业部门的高度重视。

（二）几个常用指标的统计方法

高校毕业生就业状况的指标：签约率、就业率、待就业率、灵活就业比例、登记失业率、地区流向、单位性质流向、起薪水平、满意度（毕业生、用人单位）、工作与专业一致性。

1. 高校毕业生就业去向分类

第一类：毕业生就业。有以下几种形式：

（1）毕业生通过学校与用人单位签订就业协议书，领取就业报到证，到用人单位就业。

（2）毕业生与用人单位已签订劳动合同，或用人单位出具接收函，不需要就业报到证，到用人单位工作。

（3）定向、委培毕业生回原定向、委培单位就业。

（4）毕业生以灵活方式就业，其中包括自主创业、自由职业等。自主创业指创立企业（包括参与创立企业）或是新企业的所有者、管理者，包括个体经营和合伙经营两种类型。自由职业指以个体劳动为主的一类职业，如作家、自由撰稿人、翻译工作者、中介服务工作者、某些艺术工作者等。

（5）升学：包括专科毕业生升本科，本科毕业生考取研究生、考取第二学士学位（考虑到统计口径的连续性，列入就业统计范围）。

（6）毕业生出国、出境留学、工作等。

（7）毕业生参加国家、地方项目就业。

第二类：毕业生待就业。指毕业生有就业愿望，但尚未就业。

第三类：毕业生暂时不就业。包括暂无就业愿望、拟升学、身体健康原因及其他原因暂不就业。

2. 通过数据库“单位性质代码”字段统计毕业生就业率、待就业率的具体方法

教育部学生司文件《关于修订全国高校毕业生就业信息管理系统单位性质代码的通知》（教学司〔2004〕25 号）、《关于进一步完善高校毕业生就业统计工作的通知》（教学司〔2006〕13 号）、《关于调整全国普通高等学校毕业生就业数据库结构及代码标准的通知》（教学司函〔2014〕1 号）解释了毕业生就业率的具体统计方法。

（1）毕业生就业信息管理系统中的“单位性质代码”如表 1－1 所示。

表 1－1　单位性质代码

代码	名称	代码	名称	代码	名称
10	机关	20	科研设计单位	21	高等教育单位
22	中初教育单位	23	医疗卫生单位	27	科研助理
29	其他事业单位	31	国有企业	32	三资企业
39	其他企业	40	部队	46	应征义务兵
50	国家基层项目	51	地方基层项目	55	农村建制村
56	城镇社区	70	待就业	71	不就业拟升学
72	其他暂不就业	75	自主创业	76	自由职业
77	其他灵活就业	80	升学	85	出国、出境

（2）具体计算公式如下：

毕业生就业率 = 已就业毕业生人数/毕业生总人数 × 100%

① 已就业毕业生人数：除单位性质代码 70 – 待就业、71 – 不就业拟升学、72 – 其他暂不就业三种类型的单位性质以外的其他毕业生。

② 毕业生总人数：全部毕业生人数。

毕业生待就业率 = 待就业毕业生人数/毕业生总人数 × 100%

① 待就业毕业生人数为：单位性质代码 70 – 有就业愿望，但毕业时尚未落实具体工作的毕业生。（不含单位性质代码 71 – 不就业拟升学、72 – 其他暂不就业的毕业生）。

② 毕业生总人数：全部毕业生人数。

毕业生灵活就业比例 = 灵活就业毕业生人数/毕业生总人数 × 100%

① 灵活就业毕业生人数：单位性质代码 75 – 自主创业、76 – 自由职业、77 – 其他灵活就业。

② 毕业生总人数为：全部毕业生人数。

在计算毕业生就业率时，要分别对毕业研究生、本科生、高职（专科）生分别统计研究生就业率、本科生就业率、高职（专科）生就业率。

毕业生总就业率 = 已就业毕业生人数/毕业生总人数 × 100%

① 已就业毕业生人数：已就业研究生人数 + 已就业本科生人数 + 已就业专科（高职）生人数。

② 毕业生总人数：毕业研究生人数 + 本科生人数 + 专科（高职）生人数。

（三）就业统计工作的要求

为保证就业统计的质量，应遵循真实、准确、及时、全面的原则。

（1）统计内容要规范。地方、高校可以有不同的管理信息系统，但必须按统一信息标准准备数据、统一格式上报信息。保持信息一致性，是汇总统计的基础。

（2）统计手段要先进。要配备最好的硬件设备，保证有通畅的信息传递途径。

（3）统计队伍要加强。加强培训，提供业务素质和知识水平。

全国的统计数据来源于高校，统计的基础工作在高校，所以高校一定要认真做好数据基础工作，保证数据的真实准确，高校的有关领导要清楚毕业生就业统计的指标体系，从事就业工作的人员要明确统计的内容和方法，负责统计工作的人员要熟练掌握信息的分类和具体的操作。

拓展阅读

表 1－2　国企、民企、私企的比较

国企 SWOT 分析	外企 SWOT 分析	私企 SWOT 分析
优势（S）： 1. 工作稳定，福利齐全； 2. 有政府扶持，资源获得齐备丰富	优势（S）： 1. 制度规范，评价体系公平，收入是工作能力对工作时间的严格积分； 2. 系统的培训制度让工作能力快速提高； 3. 工作关系平等	优势（S）： 1. 企业对市场反应灵敏； 2. 机制灵活，有充分的用人自主权，人员流动政策宽松； 3. 有充分的才能发挥空间，甚至身兼数职
劣势（W）： 1. 优胜劣汰机制没有完全建立，晋升机制不完全由自己能力决定； 2. 薪酬机制激励不够完善，加班一般没有加班费； 3. “官本位”意识较为浓厚	劣势（W）： 1. 工作压力大，要求工作能力更新快； 2. 年龄越大，失业危机越大； 3. 基本上专属于本职工作，不能发展其他职位的工作能力，容易使人变成“螺丝钉”	劣势（W）： 1. 整体人力资源管理水平较低； 2. 人员流动率高，高级人才流失较多； 3. 大部分有着非理性化的家族式管理
机会（O）： 1. 国企正在改革，逐步建立起全新的人力资源经营理念，认识到“人才是最重要的资本”； 2. 国有企业盈利能力增强，竞争力逐步提升； 3. 随着改革的推进，人才施展才能空间、发展前景等优势日益突显	机会（O）： 外语水平不断提升，有留学经历的同事增多	机会（O）： 1. 有国家政策扶持，民营企业发展速度加快； 2. 大的经济环境下，公众对民营企业观念改善，企业本身使命感逐渐增强，企业活力慢慢提高
威胁（T）： 1. 因环境和机制的影响而丧失斗志； 2. 培训内容比较注重技能培训，素质培训和潜能开发培训较少，发展空间受限	威胁（T）： 1. 中国经济发展非常快，劳动力和用工成本不再是有明显的竞争优势； 2. 中国加大对外开放政策，大量外商进入，竞争环境变复杂	威胁（T）： 金融机构没有形成适应民营企业特点的信贷文化，解决中小企业的融资难问题还任重而道远，民营企业存活率低

第二节　大学生的就业环境

当今社会正处于一个经济、政治、文化密切联系的时代，一个最新、最快、最丰富、最具鲜明特征的政治、经济、文化环境高度融合的新时代。在当前背景下，不断变化发展的政治元素、高度透明的信息网络、以人才为主导的经济发展、变化中的社会文化，都在影响高校毕业生就业环境框架的形成和发展。就业环境对毕业生就业的影响是多方面的，毕业生正确认识并分析自己所处的就业环境特点，有助于制定和完成符合社会实际需要的择业目标。就业环境塑造的主体，如国家相关部门、高校、企业等，需有效地对就业环境进行规范化引导，整合政治、经济、文化资源，促进内部结构的合理发展，构建招聘者与就业者供需平衡的生态环境。

一、高校毕业生就业的政治环境

（一）呈现稳定特征的政治环境

高校毕业生就业工作有序平稳开展离不开稳定的政治环境。高校毕业生是国家最宝贵的人才资源，做好高校毕业生就业工作作为促进社会发展和社会和谐的重要举措，从根本上需要稳定的政治环境做保障。在逐渐完善的稳定政治制度指引下，高校教育及相关就业政策法规相继出台并稳步实施，教育教学秩序和方法不断巩固和创新，有利于高校大学生接受规范的高等教育和有效的就业指导，以保障高校毕业就业环境的良性发展。

（二）国家政治政策多样化引导，促进高校毕业生规范就业

2018 年底，教育部发布了《关于做好 2019 届全国普通高等学校毕业生就业创业工作的通知》（教学〔2018〕8 号），指出要从引导毕业生到基层就业、促进毕业生到中小微企业就业等六个方面拓宽就业领域，着力促进高校毕业生多渠道就业。《通知》还对促进高校毕业生自主创业、提高就业创业指导服务水平、深化思想教育和宣传引导等方面提出了具体要求。

拓展阅读

校园招聘是一种特殊的外部招聘途径，招聘组织（企业等）直接从学校招聘各类各层次应届毕业生，或者通过各种方式招聘各类各层次应届毕业生。

校园招聘成为企业重要的招聘渠道之一，相对于社会招聘来说，具有如下鲜明特点：

(1) 招聘时间非常集中，一般在每年的10～12月底，以及次年的3～4月。

(2) 招聘对象的年龄及其特点基本上都相同。他们有大致相同的年龄和成长背景，也有大体上相同的关注点和需求点。

(3) 企业校招工作在短期内工作量非常大，必须采用较有效的批量筛选模式完成对大量候选人的筛选。

(4) 校园招聘会具有很强的延伸效应。每年的校招工作，不但对当年招聘任务能否顺利完成有直接影响，而且对公司远期的校园招聘会产生影响；校园招聘会不仅是企业招聘工作岗位的重要渠道，也是展示企业形象、营销企业、吸引潜在消费者的绝佳场合。

校园招聘并不局限于一年一度的校园招聘会，为了吸引到优秀的学生人才，各式各样的校园招聘形式已被众多求贤若渴的用人单位开发出来，汇总起来主要有：专场招聘、校园宣讲、实习招募、管理培训、发展俱乐部、拓展夏令营、选秀竞赛等形式。

（三）政治环境以及高校就业政策对毕业生的影响

在稳定的国家政治环境中，学校就业行政管理者、社会企业招聘部门、毕业生等就业市场参与者可以避免不确定的政治环境为就业工作带来的负面影响。这样，高校毕业生就业工作可依据以往经验，按照就业发展规律，有序开展就业相关安排。毕业生在国家政策层面稳定发展的情况下，在个人层面上集中精力和时间完成自己的择业目标，根据自己的择业需求对照国家就业政策，分析自身的优势和不足，做出满足专业擅长和个人愿望的职业抉择。

国家对高校就业市场的政策性引导，有利于减轻国有企业、事业单位等热门岗位的应聘竞争压力，把更多高校毕业生引导至中西部欠发达地区基层相关岗位，从总体上把握高素质人才人力资源的合理分配。国家高校就业政策的引导，配合国家产业结构调整的变化，能够挖掘社会基础服务行业在吸纳高校毕业生过程中的潜力。因此，在这些政策的调整下，钟情于竞争激烈的国有企业或者国家经济发展一线城市的高校就业者存在二次分配甚至延迟就业的风险，反而会把眼光转向非一线城市和基层岗位。对于有意基层工作或者支援艰苦地区经济建设的高校毕业生来说，国家高校就业政策的制定和完善无疑是一个机遇，他们可在国家政策的指引下实现自身价值和社会价值的最大化。

知识链接

大力加强就业服务

省会及以下城市全面放开对高校毕业生、职业院校毕业生、留学归国人员的落户限制，精简落户凭证，简化办理手续；向毕业生普遍推送政策清单、服务清单、服务机构联络清单；将有培训需求的高校毕业生纳入职业技能提升行动；建立职业指导师联系毕业班制度……

《关于做好当前形势下高校毕业生就业创业工作的通知》（人社部发〔2019〕72号）明确要求大力推进就业服务，各高校积极因校制宜，努力为学生提供更加精准的指导和服务。

华中科技大学建设专业化、职业化就业指导教师队伍，定期开展教研活动及师资培训；聘请业界人士担任生涯发展导师，实现就业指导课程双师制，建立多元化生涯发展支持体系；组建生涯发展协会、知名企业俱乐部等学生社团，激发学生自我探索、自我服务的意识，发挥学生社团在生涯教育中的辐射作用。哈尔滨工程大学充分发挥国防科技工业领域行业就业工作组职能，加强与系统单位的对接，实现适应行业发展需求的人才培养、科学研究、技术服务、高端人才共享、科研成果转化等全方位一体化链接，实现双赢发展。北京科技大学以“专创融合”为导向，积极探索校院两级创新创业教育体系。在设立学校创新创业中心的基础上，在全校13所学院建立并挂牌“创新创业分中心”，构建了“有组织、有基地、有赛事、有教师、有课程、有活动”的“六有”机制，充分将学科优势转化为创新创业教育优势。华东师范大学成立创新创业学院，制订完善学校关于深化创新创业教育改革的实施方案，将大学生创新创业教育国际化作为双创工作的一块重要内容，在学校专项预算外，设立“道杰资本”等校友双创基金，专门支持国际化创新创业教育活动的开展。

二、高校毕业生就业的经济环境

从国家层面来说，高校毕业生的培养是为国家经济建设培养人才的重要过程，毕业生的顺利就业，能提高学生所学专业技能与社会岗位的匹配率，这对于提高国家经济发展的质量和水平、加快经济结构调整和转型、促进经济较快增长起着重要的作用。从毕业生角度来看，经过高校的专业知识学习，就业质量可以相对证明其学习程度和能力水平，这也直接影响着毕业生未来的经济收入水平。

2018年，我国面临三方面严峻挑战。首先是深刻变化的外部环境，经济全球化遭遇波折；其次是经济转型阵痛凸显，经济运行稳中有变、变中有忧；再次是两难多难问题增多，要实现多重目标、完成多项任务、处理多种关系，政策选择和工作难度加大。尽管如此，我国经济仍然在高基数上达到总体平稳、稳中有进，社会大局保持稳定。

2019年，我们面临的外部环境仍不乐观。世界经济增速放缓，国际货币基金组织（IMF）宣布下调全球经济增长展望，把2019年全球经济增速预测值降为3.5%。与此同时，保护主义、单边主义加剧，国际大宗商品价格大幅波动，不稳定不确定因素明显增多，外部输入性风险上升。

尽管如此，我国发展仍处于重要战略机遇期，经济长期向好趋势没有也不会改变。这表现在：

（1）我国经济拥有足够的韧性

2018 年，在大幅度压减工业产能和严格环保督察的环境下，工业增加值突破 30 万亿元。在国内结构性去杠杆以及融资环境收紧的情况下，企业经济效益继续提高。2018 年全年规模以上工业企业利润 66351 亿元，比上年增长 10.3%。同时，受服务业需求持续扩大以及价格上涨等因素影响，服务业经营利润同样保持快速增长，全年规模以上服务业企业营业收入比上年增长 11.4%，营业利润增长 6.5%。

（2）我国经济具有巨大的潜力

我国经济的需求结构发生重大调整，消费成为拉动经济增长的第一动力。2018 年最终消费支出对国内生产总值增长的贡献率为 76.2%。按照目前的发展态势看，未来几年我国商品零售规模有望突破 4 万亿美元，成为全球最大的商品零售市场。

（3）我国经济不断迸发创新活力

2018 年研发（R&D）经费支出 19657 亿元，比上年增长 11.6%。2018 年日均新设企业超过 1.8 万户，市场主体总量超过 1 亿户。新能源汽车、工业机器人、轨道交通装备等产业快速发展，产业规模位居世界前列，发展质量和效益明显提升。

三、高校毕业生就业的社会文化环境

社会文化是某一特定人类社会在其长期发展历史过程中形成的，“它主要由特定的价值观念、行为方式、伦理道德规范、审美观念、宗教信仰及风俗习惯等内容构成。”文化是人类所创造的一切物质、制度和精神的总和。社会文化环境中的物质文化包括技术和经济。技术包括在物质财富创造过程中的工艺，即一个社会群体所掌握的专门技术。经济是人们运用个人能力创造财富和分配财富的方式。高校毕业生作为未来国家财富的创造者，很大程度上受到社会物质文化的直接影响。高校毕业生在进入社会求职之前已经经历过几年专业化、成体系的技术培养和学习，基本上掌握了创造物质财富的手段和技能，能够以一定的理论知识为依托，传承社会文化环境中的技术和经济因素。

制度文化主要包括社会组织、教育和政治结构。制度文化涉及一个社会中人们的相互作用、如何协调组织生产和各项活动等。在不同的制度文化下，人们组织生产活动的方式、男女社会地位、家庭、社会阶层、团体行为、年龄群及社会如何定义廉耻和礼仪等问题存在不同的解释。这一点在我国就业工作中主要体现在国家各项促进就业的政策上，包括男女就业问题、残疾人就业问题、制定反歧视法案以及帮扶弱势群体就业问题等。我国高校教育体制虽然还有很多需要改进的地方，但已经形成了一套比较完整和成熟的教育制度，包括就业促进与就业指导制度等。同时，高校一般会将《大学生职业生涯规划与择业》以及其他可以帮助学生实现自我职业生涯认知的课程作为必修课，编撰适合高校特色的就业指导实用教科书，帮助学生更好地了解就业各个环节的特点和注意事项，促进高校就业工作更好地开展。

社会文化环境中的世界观、人生观、价值观等是影响高校毕业生就业与择业的重要因素。高校毕业生在考虑择业方向时会受到周边各种文化观念环境因素的影响，两者呈正相关关系。社会环境塑造的成熟稳定“三观”会根植于高校毕业生的认知思想中，促使毕业生在就业市场中呈现积极状态，有利于良好就业结果的产生。社会文化环境中若出现过多消极的“三观”，会间接地反作用在高校毕业生身上，导致消极的就业抉择，不利于就业质量的提高。另外，社会文化环境中的“精神文化”主要包括宗教、价值观念、语言和风俗习惯等。偏客观性的精神文化可以总结为地理人文环境，包括风俗习惯、语言、宗教文化、民族特色等。其中，宗教是精神文化中最敏感的部分，它对人们的习俗、生活态度、消费方式、价值观念影响深远。具有社会文化环境风俗特性、宗教特性的高校毕业生往往会选择相适配的工作种类和地点。例如，来自边远地区的少数民族大学生，大学毕业后倾向于回到自己家乡就业，避开因风俗习惯、宗教信仰不同而带来的就业和职业发展压力。

知识链接

大学生争当保姆

“家政服务员等于保姆?”在高校毕业生群体中，这一观念正在发生转变。

春节刚过，高校毕业生们就迎来了全年规模最大的高校毕业生专场招聘会。与往年不同的是，在石家庄市举办的“人才大集”首次设立家庭服务业专区，来自北京、天津、河北等地的20余家知名家庭服务企业向大学生们伸出橄榄枝。

在参加招聘会之前，“张垣大嫂”家政服务公司招聘人员陈国平还担心家庭服务公司对大学生不一定有吸引力，“因为在传统观念里，很多人觉得做家政这一行就是伺候人的。”让他没想到的是，一上午的时间，他就收集了一摞简历，并不断有大学生来询问岗位和薪资情况。

即将毕业的学生卢宽就将简历投到家政服务公司。卢宽告诉记者，虽然周围很多同学对家政服务存在偏见，但她认为，中国正在进入老龄化社会，“全面三孩”政策已开始实行，人们对养老护理、幼儿早教等家庭服务的需求正在增长，家政行业的发展空间很大。

（资料来源：http：//edu. qq. com/a/20160220/010609. htm）

课堂活动

结合所学内容，试分析影响自身就业的因素有哪些？

____

____

____

第三节　大学生就业的有关具体政策与规定

一、毕业生就业的有关具体政策

1. 地区联合办学定向毕业生、贫困地区与行业定向毕业生就业政策

定向生在招生时已经确定了就业去向，毕业时要到当年国家招生计划规定的定向地区或单位工作。定向生在高考选报志愿时，均填写了定向志愿，这实际也承诺了一种个人和国家的权利、义务关系。定向毕业生如遇家迁、升学、留校、参军等特殊情况，要出具相关证明材料，征得原定向地区（单位）的主管部门和所到地区（单位）的主管毕业生就业部门的同意，并报送省级毕业生就业主管部门审查批准后，才允许改变就业去向。定向毕业生，因家迁须改变就业去向的，须向学校和主管部门提供原家庭居住地和新家庭居住地户籍管理部门迁出和迁入的证明材料，并提供新家庭居住地居民户口簿。学校和省级毕业生就业主管部门依据以上材料，根据政策规定和审批程序办理就业报到证。

学校与地方联合办学培养的定向毕业生原则上回联办地区就业，如因特殊情况确需改变就业去向的，需由联办地区毕业生就业主管部门同意，报省毕业生就业主管部门审核批准后，方可改变就业去向。

对于回到贫困县就业的定向生，当地政府有义务做好就业安置工作。贫困地区的定向毕业生原则上不能改变其就业去向。

2. 应届毕业生报考国家公务员的政策

国家行政机关、其他国家机关和参照国家公务员制度管理的事业单位从高等学校应届毕业生中录用国家公务员（工作人员），一律实行考试考核、择优录用的办法。普通高等学校应届毕业的研究生、本科生、大专生（不含委培、定向生），只要符合国家规定的报考条件均可报考，被录用为公务员的毕业生与组织、人事部门签订就业协议书，毕业生就业主管部门凭就业协议书纳入就业方案，并予以办理就业报到手续。

3．应届毕业生到部队就业的政策

根据原国家教委、解放军总政治部 1997 年联合通知中的规定，高等学校应届毕业生（不含委培、定向生）参军应具备如下条件：（1）拥护党的基本路线，忠于祖国，热爱军队，支援献身国防事业，符合公民服现役的政治条件；（2）学习成绩平均在良好以上；（3）本、专科毕业生的年龄不超过 25 岁；毕业研究生的年龄视具体情况而定；（4）身体健康，具体条件参照人民解放军院校招收学员的体格检查标准执行。

2009 年，国家有关部门先后出台一系列政策，鼓励高校毕业生应征入伍。主要文件包括：总参谋部、总政治部、教育部、财政部印发了《关于做好普通高等学校应届毕业生征集工作的通知》（参动〔2009〕6 号），财政部、教育部、总参谋部印发了《应征入伍服义务兵役高等学校毕业生学费补偿国家助学贷款代偿暂行办法》（财教〔2009〕35 号），教育部、公安部印发了《关于普通高等学校毕业生应征入伍服义务兵役办理就业手续有关问题的通知》（教学厅〔2009〕5 号）。政策的主要内容包括以下 8 个方面：（1）对应届高校毕业生实行预征制度，在每年五六月份进行；（2）高校毕业生应征入伍服义务兵役，将由政府补偿相应学费，代偿助学贷款，对每名高校毕业生每学年补偿学费或代偿国家助学贷款本息的金额，最高不超过 6000 元；（3）服义务兵役期间在选取士官、考军校、安排到技术岗位等方面优先；（4）具有普通高等学校本科以上学历、取得相应学位、表现优秀、符合总政治部有关规定的可以直接选拔为军官；（5）退役后参加政法院校为基层公检法定向岗位招生考试时，优先录取；（6）具有高职（高专）学历的，退役后免试入读成人本科；或经过一定考核，入读普通本科；（7）退役后报考硕士研究生初试总分加 10 分，荣立二等功及以上的，退役后推荐免试攻读硕士研究生；（8）退役后可根据需要参照应届高校毕业生办理就业报到手续。

4．应届毕业生申请出国留学的政策

根据教育部教外留〔2003〕1 号文件规定，自 2002 年 11 月 1 日开始，普通高等学校的本科和专科毕业生、获双学位毕业生、研究生班毕业生、硕士和博士毕业研究生，符合国家规定申请自费留学的毕业生，不再交纳教育培养费，也没有服务期限制。毕业生在规定的期限内提出申请经批准后，学校不再负责其就业，派遣时未获准出境的，学校可将其档案、户籍关系转至家庭所在地，毕业生自谋职业。

5．患病毕业生和残疾毕业生再就业的政策规定

毕业生离校前应在学校进行健康检查，因病不能坚持正常工作的，应回家休养。一年以内、半年以上治愈的（须经学校指定县级以上医院证明能坚持正常工作的），可随下一届毕业生就业：半年内治愈的，可到原就业单位就业；一年后仍未治愈或无用人单位接收的，户口关系和档案材料转至家庭所在地，按社会待业人员办理。毕业生报到后，接收单位应组织复查。单位在 3 个月内若发现毕业生身体条件不符合要求，

不能坚持正常工作的，经县级以上医院检查确属在校期间旧病复发，报主管部门批准，可将毕业生退回学校，按照有关规定处理；如属新生疾病，按在职人员病假期间的有关规定处理。不得把上岗后发生疾病的毕业生退回学校。对患有精神病（须县级以上医院证明）的毕业生，见习期内复发的，用人单位可将其退回学校，由学校退回家庭所在地。对残疾毕业生的就业，仍按教育部、国家计委、劳动人事部、民政部《关于做好高等学校招收残疾青年和毕业分配工作的通知》（〔85〕教学字004号）处理。即学校录取的残疾考生，毕业后应按其所学专业，由学校帮助推荐就业，确有困难的，按有关规定由生源所在地民政部门负责安置。

6. 第二学士学位毕业生就业政策

国家规定，在校生攻读第二学生学位，修业期满，获得第二学生学位后，原则上根据国家需要，按第二学士学位推荐就业。在职人员攻读第二学士学位，修业期满，不论是否获得第二学士学位，均回原单位安排工作。已获得第二学士学位的毕业生工资与研究生班毕业生工资待遇相同。未获得第二学士学位者，仍按本科生对待。

7. 毕业生二次择业政策

毕业生二次择业是指截止到毕业生集中办理就业手续时，仍未落实接收单位的毕业生，要派回来源省、市、区参加二次就业，原则上由省、市、区推荐就业，毕业生也可继续选择单位，在规定时间内落实工作单位的，毕业生就业主管部门可以为其办理二次就业手续。

二、相关规定

1. 统一使用报到证的规定

根据教育部规定目前全国统一使用《全国普通高等学校毕业生就业报到证》和《全国毕业研究生就业报到证》。报到证由教育部授权各省（自治区、直辖市）主管毕业生调配部门审核签发，特殊情况可由教育部直接签发。用人单位一律凭该报到证接收毕业生，各地公安机关凭报到证办理户口迁移手续。

2. 报到期限的规定

毕业生的报到期限一般为一个月。一旦由于某种特殊原因，如生病、外出遇灾未归等，不能按期报到，应采取书信、电话、电报等方式向接收单位请假说明情况。如逾期不报到，又未向接收单位请假者，用人单位有权拒收。

3. 报到后工资、工龄的规定

根据劳动部〔1980〕劳总薪字136号文件规定：毕业生上半月报到的，发给全月工资；下半月报到的，发给半月工资。根据劳动部〔1982〕劳险便字9号文件规定：高等院校、中专学校和技工学校学生延期毕业的，应从他们正式报到之日起计算工龄。

4. 用人单位不得拒绝接收的规定

现有高等院校毕业生就业方案是经过学生和用人单位双向选择后落实的，学生和用人单位双方都应严守信誉，对已确定的就业方案不得随意变动，用人单位不得拒绝接收。毕业生报到后，用人单位应根据工作需要和毕业生所学专业安排工作岗位。毕业生报到后，由于本人坚持无理要求被用人单位退回者，责任自负。

5. 到非公有制单位就业的规定

为适应我国经济发展的需要，国家鼓励毕业生面向多种所有制单位就业。近年来，随着非公有制单位的大力发展，到非公有制单位就业的毕业生数量迅速增长。毕业生可以选择到外商独资、合资企业就业，也可以选择到个体、民营企业就业。到非公有制单位就业的毕业生，其档案及户口关系按国家和各级政府关于毕业生就业政策和有关规定进行管理。凡纳入国家就业方案的毕业生，可免交城市增容费。各有关部门也不得向毕业生收取上岗押金、风险抵押金等不合理费用。

6. 维护就业协议的严肃性，对违约处理的规定

毕业生同招聘单位达成了就业意向后，应及时与其签订《高校毕业生就业协议书》。协议一旦签订，毕业生、用人单位、学校三方都应严格履行，如有一方提出更改，须征得另两方同意，并由违约方承担违约责任。

7. 改派工作单位的规定

对于已落实就业单位的毕业生，由于主客观原因需改变就业去向和派遣时尚未落实就业单位的毕业生寻找到就业单位后要重新办理就业手续，通常称改派。毕业生在两年择业期内均可以办理改派手续。省内生源跨市调整、出省或在省内中、省直单位就业的毕业生，需到省毕业生就业主管部门办理改派手续；已派回生源地的省内高校外省生源毕业生，要求跨省改派的，也由学校所在省毕业生就业主管部门办理改派手续；在省内生源所在市所属各单位之间改派的毕业生，需到各市毕业生就业主管部门办理改派手续。毕业生在办理改派手续时须提供以下材料：（1）毕业生原来的报到证；（2）原接收单位的退函，退函中应说明毕业生改派的原因；（3）同就业单位新签订的就业协议书；（4）原毕业学校毕业生就业主管部门意见；（5）户口迁移证。

在校保留档案的毕业生要求办理就业手续时，应由学校开具同意办理就业手续的证明，并说明学生的毕业时间、所学专业、就业单位，没有就业单位的均回生源地就业。

8. 毕业生毕业时可以申请不就业

毕业生本人向学校提出申请，经学校主管毕业生就业部门批准并报上级毕业生主管部门备案后，将毕业生户口关系及档案材料转至家庭所在地，国家不再负责办理就业手续。

9. 结业生就业规定

未取得毕业资格的结业生，在规定的时间内找到接收单位的，可参照毕业生有关规定办理就业手续，必须在《报到证》备注栏上注明“结业生”字样；在规定时间内无接收单位的，由学校将其档案、户口关系转至家庭所在地（家居农村的保留非农业户口），自谋职业。

10. 华侨和港、澳、台地区毕业生就业规定

对于华侨和来自港、澳、台地区的毕业生愿意留内地工作的，学校可根据国家有关规定提供必要的帮助。留在内地工作的港、澳毕业生，可保留香港、澳门身份证以及港澳同胞回乡证，便于往返探亲使用。

三、拓宽大学生的就业渠道

2018 年底，教育部发布《教育部关于做好 2019 届全国普通高等学校毕业生就业创业工作的通知》，提出了促进高校毕业生多渠道就业的六种就业渠道。

1. 引导毕业生到基层就业

各地各高校要深入贯彻落实中央《关于进一步引导和鼓励高校毕业生到基层工作的意见》，落实基层就业学费补偿贷款代偿、考研加分等优惠政策。要继续配合相关部门组织实施好“特岗计划”“大学生村官”“三支一扶”“大学生志愿服务西部计划”等基层就业项目，结合地方实际适当扩大地方基层项目的实施规模。要围绕乡村振兴战略，引导毕业生到现代农业生产、经营等领域就业创业。要发挥服务业最大就业容纳器的重要作用，鼓励毕业生到文化创意、健康养老、服务外包等现代服务业就业创业。鼓励高校毕业生到社会组织就业。

2. 促进毕业生到中小微企业就业

各地各高校要鼓励和促进高校毕业生到实体经济就业，充分发挥中小微企业吸纳毕业生就业的主渠道作用。要积极配合有关部门落实小微企业吸纳毕业生的社保补贴、培训补贴、降税减费等优惠政策。要加强与中小微企业沟通联系，广泛收集中小微企业招聘信息，积极组织中小微企业进校园招聘，进一步办好全国中小企业网上百日招聘等活动。

3. 服务国家战略开拓就业岗位

各地各高校要主动对接国家经济社会发展的人才需要，围绕“一带一路”建设、雄安新区建设、长江经济带发展、粤港澳大湾区建设、海南自贸试验区建设等，引导毕业生到重点地区、重大工程、重大项目、重要领域就业。要落实区域协调发展战略，鼓励毕业生到中西部地区、东北地区和艰苦边远地区就业创业。要加大对“三区三州”等深度贫困地区的教育脱贫攻坚力度，结合实际制定激励政策，引导毕业生到贫困地

区就业创业。

4. 拓展新兴业态就业空间

各地各高校要结合学科专业特色，主动对接以技术集成和商业模式创新为特点的新业态人才需求，充分利用平台经济、众包经济、共享经济、数字经济等新业态，支持鼓励毕业生实现多元化就业。配合有关部门落实相应的社会保障政策和灵活就业、自主创业扶持政策，引导毕业生主动适应新就业形态、新用工方式。

5. 继续做好大学生征兵工作

各地各高校要深入贯彻习近平总书记给南开大学新入伍大学生回信和勉励语精神，认真落实学费资助、复学升学、就业创业等优惠政策。要密切配合兵役机关，面向毕业生、在校生、新生开展有针对性的宣传，集中播放征兵公益宣传片，发放应征入伍宣传单。落实好预订兵工作机制，为大学生入伍开辟绿色通道，鼓励更多大学生参军入伍。

6. 支持大学生到国际组织实习任职

各地各高校要加大经费资助、教育教学、升学就业等政策支持力度。高校要结合学科专业特色，加大双语种或多语种复合型国际化专业人才培养力度。将国际组织基本情况、职业发展路径等内容，纳入大学生就业指导教材和课程。进一步完善信息服务平台，及时收集发布国际组织招聘信息，开展专家讲座、政策咨询、社团活动等系列指导服务。鼓励高校与国际组织开展合作交流，进一步拓展实习任职渠道。

课堂活动

结合当今就业形势与就业政策，尝试确定自己的求职方向，并进行分组讨论。

第四节　大学生实习管理

大学生如果不选择专升本、考研、留学等继续深造的话，很多学校都会鼓励学生在最后一个学期去自行寻找实习单位。很多大学生没有特别重视这个时间，随便找一份工作度日，更有甚者，干脆利用这个时间窝在寝室玩，或者出去旅游去了，这种行为是非常不正确的。

一、大学生实习的重要性

1. 实习是一个提前接触职场的机会

在学校里，大学生接触到最多的往往还是同学和老师，体会不到真正的职场环境，通过实习，大学生可以提前接触职场，了解真真正正的职场环境是怎样的。

2. 实习是一个将理论应用实践的过程

在学校里，大家所学的都是书本上的理论知识，没有经过实践，一切都是空谈，而只有经过实习，实践，才能检验自己专业的掌握情况，才能发现自己的不足。

3. 实习是确定职业规划的途径

通过实习，大家可以了解自己是否喜欢这样的工作、岗位以及行业等情况，找准自己的定位，为毕业找工作做好规划和准备。

4. 实习是增加阅历的机会

应届生找工作时，企业面试官看重的不仅仅是大学生的毕业院校、专业、校园经历，还有一个很重要的部分是实习经历。一份出色的实习经历，不仅可以看出一位同学的能力水平，更是对这位同学工作能力的认可。简历上的实习经历是简历不可或缺的重要组成部分。

二、大学生实习准则

1. 专业要对口

找实习单位，一定要找一份与自己专业对口的岗位，很多大学毕业生嫌找工作太麻烦，毕业实习总是草率选择一份工作就行了，比如销售、前台、网管等方面的工作。如果专业不对口，一个学技术的人去做这些工作确实是浪费这段宝贵时间了。当然，如果确实对自己专业不感兴趣的，那就要和家长、学校商量，对自己重新定位，选择一个更有前景、更符合自己的方向，再去有针对性地去实习。

2. 平台最重要

很多大学生实习的时候很喜欢比较工资，其实，这种想法也是错误的。大学生毕业前的实习一定是平台最重要的，工资低一点没关系，只要能学到东西，哪怕是没工资也是值得的。选择一家大公司，你才能快速成长，因为它们有完整的培养体系，你也才能明白自己专业涉及的工作流程到底是怎么样的。所以，在选实习单位的时候，平台最重要。

3. 安全放第一

大学生因为在校期间很少接触社会的复杂，对这个社会缺乏防备心，所以出去实习一定要加强安全意识，不要被社会上一些不法分子骗了，尤其是要提防传销。另外，进入公司实习之后，要明确自己在实习期间应该享有的权益，学会保护自己权益不受损害。在工作过程中，如果面临危险的工作环境，一定要做好安全防护，切不可掉以轻心。

4．别和学校失去联系

毕业实习不要选择离校太远的城市，因为毕业季学校还有很多工作要开展，毕业生需要时不时回学校处理毕业事宜，比如毕业论文选题的确定、毕业答辩，还有一些毕业表格的填写等。很多同学实习单位找太远了，每次回学校都需要长途跋涉，平添了许多的麻烦。所以，大家在选择实习公司的时候，尽可能不要离学校太远，更不要和学校失去联系，要随时关注班级群动态，关注班主任或者辅导员的消息通知。

三、大学生实习过程中的注意事项

1．准时上下班

要按公司的时间上下班，绝不能迟到早退，或者有点事就请假。在学校当学生，迟到早退或请假，那只是影响个人的事。然而在工作中，迟到、早退、请假都是关乎整个工作团队的事情。个人的事不再是单纯个体的行为，而是影响整个团队的行为。不能因为在时间观念上的认识不足，而让用人单位给实习期的自己一个差评。这样在今后的工作中付多少倍的努力都不一定能纠正用人单位对你的评价和看法。所以入职实习期内，准时上班是对实习大学生最基本的要求。

2．多做少说

在实习的过程中要多观察、多研究、少说话。刚从学校出来，总是有一腔的热血，要改变这些，要实现那些，充满雄心壮志。然而，在实习过程中，一定要做到从整体了解各方面的工作，如果有问题和书本理论不一致，先记下来，等在以后的工作中寻求答案。在实习的过程中，不能总是对工作中的事进行否定，这也不行，那也不对。毕业工作不是招你来挑毛病的，如果真的是有哪些方面存在不足，可通过更多的实践来证明，如果确实需要改进，再向相关部门和人员进行反映沟通解决。

3．尊重同事

实习的过程不光是学习与专业相关的知识，还要关注人与人之间的关系。对于有经验的老员工，要尊重，像对待学校的老师一样去对待。虽然，有些老员工的学历不一定比刚毕业的大学生高，但是他们实践经验丰富。那些实践经验正是大学实习生缺少的。我们要从心里面尊重那些同事，多多学习他们的工作经验，以便在日后的工作中少走弯路。

4．工作认真

在实习工作中，对于领导安排的工作要从心里重视，一定要将工作干好，不能出现纰漏。因为自己的一个小错误有可能会让整个团队的工作无法完美衔接。当然，在实习工作中，交给大学实习生的工作都是基础性的工作，不会特别的重要。越是这样，越要用心做好，因为在以后的成长过程中，工作都是一点点加压的，不可能一辈子都干简单容易的事情。做好领导安排的每一件事，每一个任务，不断积累经验，才能在日后的工作中越来越得心应手。

5. 坚持学习

在实习工作之余，要保持持续的学习的习惯。只有不断地学习，更新知识，才能让自己在以后的工作中越来越顺手，工作能力更强。切不可离开学校不谈学习，工作之外全是吃和玩。大学不光让大学生学会了专业知识，更重要的是让大学生掌握了学习的方法。在工作中，只有以大学的知识为基础，用掌握的学习方法不断更新和运用知识，才能进一步提升我们的工作能力。

思政之窗

从战略高度促进大学生就业

又是一年毕业季。逾千万高校学子即将完成学业，步入工作岗位。在疫情防控常态化条件下，部分行业、部分企业招聘不畅、需求下降，高校毕业生总量创新高和一直存在的结构性矛盾叠加所带来的影响更加凸显。

尽管主管部门每年都会出台相关政策，但年年毕业季都会出现就业焦虑现象，这表明我国迫切需要有适合高校毕业生的就业战略与长久之计。鉴于高校毕业生已成为城镇新增就业的最大群体，而全面建设社会主义现代化国家又对高素质专业人才提出更大需求，我国主张从战略高度重视大学生就业问题。

着力开发适合大学生的战略性就业空间，应成为主攻方向。2022 年，我国高校毕业生已逾千万，没有巨量级战略性就业空间，不可能从根本上解决好大学生就业问题。事实上，我国确实存在这样的战略性就业空间：一是为人服务的行业。城乡居民对养老、育幼、助残服务的需求持续高涨且不可逆转，这些行业可容纳数以千万计的劳动者，且大多适合大学生就业，但现在发展滞后，建议就业、产业、教育等部门高效协同促进其发展。二是社会组织。我国现有 90 多万家社会组织，它们可以创造适合高校毕业生的百万量级岗位，但现在尚未引起足够重视。三是灵活就业岗位。进入新时代，各种灵活的新业态如雨后春笋般出现，这是可以发挥个体创造性的广阔就业空间，但目前政策促进力度还不够，社会保障措施尚未跟上，需要尽快完善。

重塑新的就业观念，是非常重要的基础工程。当前，还有许多人抱着只有进入机关事业单位才算就业的旧观念，这表明需要从战略高度重塑新的就业观念。一方面，应将就业优先全面融入经济社会发展各项政策，各方共同发力引领积极就业观和自主创业观，营造职业无贵贱、就业皆平等的良好氛围，真正让劳动者光荣，让勤劳者致富。另一方面，还要强化就业培训与指导，以增强大学生对就业市场的适应性并调适心理预期。如加强职业生涯教育和就业实习实践，实施供需对接就业育人项目，支持毕业生灵活就业、体验式就业、自主或合伙创业，将个人发展与市场需求、社会需要结合起来考虑。

加快优化就业服务网络这一重要的公共设施。就业和教育部门要协同配合，利用互联网建立功能强大的综合信息平台和精准的专业信息平台并延伸到校园，同时将招聘活动常态化、灵活化，既方便毕业生寻找就业机会，又节省用人单位招聘成本。

（资料来源：《光明日报》2022年03月10日07版，作者郑功成，系全国人大代表、中国人民大学教授）

思考与训练

1. 案例分析

牌子响、工资高、求稳定，这些常年被谈起的求职标准仍是当今毕业生求职的最佳意向，挤破脑袋进国企的思想仍在95后身上延续。

记者在多个招聘会现场看到，国企、事业单位的招聘摊位前，前来应聘者排起长队。多位国企的人力资源部负责人告诉记者，平均每场都能收到三四百份简历，有的热门企业甚至会收到500余份。

与国企的门庭若市相比，一些小微企业和私企相对冷清了许多。福建榕城购物街总经理潘成志告诉记者，“虽然我们也会提供同等待遇，但是受到传统思维的影响，主动选择私企的毕业生还在少数。”

你是否也青睐“国企”“铁饭碗”？说说理由。

2. 探讨回答

（1）都说大学生就业难，到底难不难？

（2）你如何分析当前的就业形势？

3. 课后反思

（1）你知道都有哪些就业政策吗？

（2）你是否有坚定的就业意向？

4. 实际操作

根据自身实际，制定一个我的就业意向表。

就业意向（举例）	了解到的相关政策	家长可提供哪些支持	本人意愿
大学生“村官”			
考取公务员			
考研、出国留学			
自主创业			
应征入伍			
从事××类职业			
其他			

第二章　大学生就业能力培养

学习目标

1. 掌握学习和积累专业知识的主要途径。
2. 掌握提高实践能力的主要途径。
3. 了解培养通用技能的主要途径。

案例导入

人才招聘会上，毕业生小汪向招聘人员咨询："请问，你们招聘的这个工作岗位是什么性质的?"

负责招聘的工作人员回答说："主要从事产品设计的实物绘图，就是将研发人员设计的草图或设计思想，用三维图形表现出来，以便有关领导决策。"

小汪想了想，又看了看招聘人员使用的电脑问道："请问您的电脑中有没有绘图软件?"招聘人员点了点头。

"能让我试试吗?"得到了招聘人员的肯定答复后，小汪开始在计算机上操作。思考片刻，他的头脑中呈现出在工厂实习时做过的某产品的三维图，于是一个完美的产品设计三维图很快就呈现在招聘人员面前。

招聘人员微笑着开始询问小汪的姓名、毕业学校、所学专业、实习情况。小汪递上了简历。招聘人员表示，欢迎小汪到他们的企业工作，并介绍了企业的业务前景、交通环境、人员结构、工资待遇等情况。小汪为自己受到赏识而高兴，愿意在适当的时间到单位看看，如果双方满意，可以签订协议。于是双方留下各自的联系方式，有礼貌地道别。

不久，小汪就到这家公司正式上班了。小汪之所以受到用人单位的欢迎，不仅是因为他具备了一定的专业素质，更重要的是他具有较强的职业能力。

第一节　掌握专业知识

由于市场竞争日趋激烈，用人单位越来越希望招收的新员工能够很快地投入工作，倾向于招收一些具有专业背景和专业素质的人，而不愿意将大量的时间和精力投入到对新员工的培训中去。因此，大学生应该抓住学习专业知识的黄金时间，充分利用校园的各种资源，制订切实可行的学习计划，努力提升自己的专业素质。

一、掌握专业知识的重要性

目前，在“知识与能力孰更重要”的讨论中，一些大学生片面信奉“能力比知识更重要”，认为只要能力强，不管专业知识如何都能找到比较理想的工作，因而不重视专业知识的学习。有的大学生由于填报志愿或者其他因素导致对现有专业无兴趣，认为自己反正将来也不打算从事与本专业相关的工作，因此无心学习，也没考虑如何解决或做何种补充，结果在就业时才发现自己什么都没有准备好，后悔莫及，白白荒废了在校学习专业知识的时光。而用人单位往往更愿意录用专业对口的、专业技能精湛的大学生，如果一个大学生各门功课成绩都不佳，他将首先成为被淘汰的对象。还有一些学生认为，自己所学的专业在社会上不吃香，找工作时没有优势。因此，他们在校期间忽视了自己所学专业的基础知识的学习。但是，今日的“冷门”说不定就是明日的“热门”，况且，只要拥有丰富的专业知识及相关能力，在任何领域都可以成就一番事业。还有一些大学生发现所学专业与兴趣不符，或发现自己所学的专业不是自己今后想从事的职业，这些错误认识是大学生专业知识学习中的障碍，直接导致专业思想不稳定，并产生迷茫、困惑、烦躁的情绪，不利于大学生沉下心来打好专业知识的基础。

对于一个职业人来说，专业化程度越高，专业优势越明显，他的可替代性就越低，职业稳定性也就越高，职业发展竞争力也就越强。因此，刚刚步入校园的大学生要理性思考自己所学的专业，坚定专业方向，调动学习热情，树立积极正确的专业学习思想，避免出现认识上的误区。首先，大学生就业后应是相关职业领域的高级专门人才，如果没有比较扎实的专业知识功底，也就不能成为专门人才。尽管在就业过程中会出现专业不对口的现象，专业知识仍然是从业者具备的隐性优势，或多或少，或早或晚会派上用场。其次，大学生要自觉地培养对专业学习的兴趣，如有特殊原因（身体条件、个人兴趣等）无法从事专业学习的，应该尽快向学校提出申请，进行专业调整。再次，大学生要努力适应大学阶段的学习方式、方法和环境的改变，积极寻找适合自己的学习方法，尽快进入专业知识的学习。

课堂活动

不同职业对其从业者的专业能力要求不同，例如，

教师：表述技能、书写技能、信息处理技能、应用现代教学媒体的能力等。

公务人员：语言、组织管理、文字书写、计算机管理等。

IT人员：编程、网络维护、动漫设计等。

请根据自己的专业列举相关职业所需具备的专业能力：

二、学习和积累专业知识的主要途径

专业在一定程度上决定了求职者的职业方向，因此，大学生应该尽自己最大的努力，通过多种途径，学习和积累专业知识。

（一）培养和增强对专业的兴趣

兴趣是最好的老师，每个人都会对他感兴趣的事物给予优先的注意和积极的探索，表现出积极而且自觉自愿的正面情绪。兴趣包括直接兴趣和间接兴趣。直接兴趣是事物本身引起的兴趣；间接兴趣是对能给个体带来愉快或益处的活动结果发生的兴趣，人的意志在其中起着积极的促进作用。当大学生对专业产生浓厚兴趣时，会主动进行学习和研究，排除一切困难去积极从事相关活动。因此，大学生应该重点培养对专业学习的间接兴趣，以提高自身能力为目标，鼓励自己学习。

（二）重视课堂学习

课堂是大学生进行专业知识学习的主要阵地，授课教师本身掌握了扎实的学科专业知识，在备课时还需要参阅大量相关的资料，并将其浓缩在课堂讲授之中。课堂学习是一种高效获取知识的途径，在师生互动交流的过程中，可以激发参与者的积极性和创造力，这样的效果是个体自学难以达到的。因此，大学生应该重视课堂学习，课前做好预习，课堂上集中精力听课，课后注意复习和扩展性、关联性阅读。

（三）不断拓展和优化知识结构

一个人的知识结构不是一成不变的，随着时代的发展、个人经历的变化、教育环境的改变，个人所掌握的专业知识也在不断补充和更新。大学生在学校求学阶段获取的知识只是一生中所需知识的一小部分，更多的知识是在工作和生活中不断自学而获得的。大学生应该根据不断变化的客观形势和实际需要，自觉地补充、更新专业知识和相关知识，不断优化自己的知识结构，积累新的知识储备。

（四）考取相关职业的从业资格证书

从业资格证书是一块敲门砖，大学生在认真学习专业知识、打牢基础的同时，也可以通过参加相关从业资格的考试来验证、充实自己，同时获取迅速进入相关专业领域的资格。比如，工程专业的学生可以选择考取测量员、检测员、施工员等证书，语言类专业的学生可以选择考取翻译资格证书，会计专业的学生都为能拥有一张注册会计师证书（CPA）而自豪。

需要注意的是，大学生不能盲目地去考证书，考取的证书应该起到取长补短、锦上添花的作用。比如，一个法律专业的大学生如果考取律师资格的话，他的实力将被肯定。但是，如果不能结合自己的专业或者目标职业盲目地去考证书，不一定会对自己的就业有帮助。

比如，一个性格内向、不善于沟通的学生，即使考取了保险代理人的资格证书，在就业面试时也不一定因为有一张证书而被录取。所以，大学生应当把考取资格证书作为提升自己素质和整体优势的一种手段。

课堂活动

分组讨论

现在大学生就业“专业对口率”不高，有些人又不喜欢所学专业，毕业后准备改行找一份其他行业的工作。因此，部分大学生对专业课程学习的态度是：60分万岁！

对此，你有何看法和建议？

____

____

第二节　提升实践能力

“读万卷书不如行万里路”，专业知识只有通过实践能力在工作中表现出来才能发挥作用。如果只会死读书，而不注重在理解、掌握和运用知识的过程中自觉锻炼、发展实践能力，那么知识的学习也会变得没有意义。求职者不仅要拥有用人单位所需要的专业知识，还要具备相应的实践能力。

一、大学生实践能力的基本内涵

实践能力是指将理论转化为实践、将抽象思维转化为实际成果的能力。大学生实践能力有广义和狭义之分。广义的大学生实践能力指的是大学生在科学研究、生产劳动、经营管理、文化生活等各个方面的实际工作中，将理论知识与实际活动相结合的动手、动脑综合能力。狭义的大学生实践能力又可以称为大学生专业实践能力，指的是大学生利用所学专业理论知识解决社会和专业领域实际问题的能力，如实际操作能力、数据分析能力、记忆分析能力、观察想象能力、逻辑思维能力、专业写作能力、实验能力、科研能力、设计能力、发明创造的能力等。

当代大学生实践能力缺失主要表现为缺乏学以致用的能力，他们在校期间学习很勤奋，成绩也不错，但是一遇到实际问题却束手无策。其主要表现有：自学能力差，动手能力较差，科学实验设计不合理，实验操作频频失误，没有学习计划和安排，集体活动缺乏创新，等等。实践能力的缺失将严重阻碍学生专业技能的施展与发挥。一些毕业生由于专业实践能力差而与自己心仪的就业机会失之交臂。比如，有的毕业生虽然考取了英语六级证书，但却是“哑巴”英语，口语水平不足以与外国人交流；有的毕业生虽然拿到了计算机二级证书，却不能熟练使用 Word、Excel 等办公软件，也不会对计算机进行日常维护等。

只会考试不会动手的大学生只能是“活动书柜”，而不是单位需要的人才。大学生要有意识地锻炼自己的实践能力，要根据自己的特点、兴趣、职业目标等来精心选择和参与各种不同类型的实践活动，从而获取不同维度的实践能力，最终达到提升自己实践能力的目的。

二、提高实践能力的主要途径

（一）做好专业实验

提高操作技能专业实验既是大学生学习专业知识的载体，也是培养大学生实践能力的重要途径。大学生应该珍惜在学校学习的机会和资源，学会安排和计划好自己的实验内容、实验程序，自觉培养操作技能和创新意识，为在实践中解决实际问题做好充分准备。

（二）参加寒暑期社会实践活动，开展社会调查

寒暑期社会实践活动是指大学生利用寒暑期开展的相对集中、大规模、大面积的社会实践活动。它的内容十分丰富，包括社会调查、社会服务、企业咨询、专业调研、科技扶贫、智力支乡、社会宣传、慰问演出等。由于时间集中，参加人数多，社会接触面大，直接为社会做贡献，对于促进大学生在实践中“受教育、长才干、做贡献”，在实践中了解社会、服务社会、锻炼自我具有十分重要的作用。

社会调查是大学生走出象牙塔、接触社会的一种学习方式。大学生通过访谈、调

查、资料分析，最终形成调查报告和研究论文。在这一过程中，大学生不仅要学会如何跟人打交道，培养交流能力和实践能力，还要获取更多的感性认识，更好地理解社会生活，认识自我价值，摆正自己在社会中的位置。

（三）参加课外科技活动和课外就业创业活动

课外科技活动，指大学生利用课余时间参加科技文化创新、技能比赛活动，比如参加数学建模、电子设计、信息技术、造价知识大赛等，以及为企、事业单位解决技术难题或管理问题，在实践中参与技术改良、工艺革新和先进技术传播等。

课外就业创业活动，指大学生个人或团体利用课余时间制订就业创业计划并付诸实施的活动。通过参加模拟面试、模拟招聘会等，大学生可以增加对企业用人和就业竞争的了解。大学生要敢于打破固有观念，积极投身创业队伍中去，充分利用学校的环境和机会，参加创业大赛等活动。虽然大学期间成功创业的只是极少数，但能够尝试创业对大学生积累一些创业资源和提高实践能力，对将来走上社会真正开始创业会有很大的帮助。

（四）参与社区服务工作

在欧美国家，社会服务是学生的必修课，甚至对有的特殊专业，如果没有社会服务的记录还不能取得从业资格。就我国大学生来说，虽然没有强制要求有社会服务记录，但也可以通过参与社区服务工作或者通过做义工、做青年志愿者的方式来认识社会和服务社会，这些活动对帮助学生明确精神层面上的追求，提高学生实践能力有着不可替代的重要作用。实践证明，这项活动的开展，不仅有助于提高社区居民的生活质量，而且大学生通过发挥自身知识技能优势，深入到基层为群众办实事、解难题，受到基层人民群众的欢迎，既锻炼了自身能力，又加深了对社会的认识。

（五）参加校内外兼职或者勤工助学活动

勤工助学活动指大学生利用课余时间，参加体力或智力活动、获得一定的劳动报酬以资助学习的实践活动，是社会实践活动的有偿形式。参加校内外各种形式的兼职可以帮助大学生提高实践能力。校外的兼职一般是临时促销员、服务员、家庭教师等。譬如汽车运用与维修专业的学生可以在汽车修理铺帮忙，高年级学生可以做助理辅导员，艺术类专业的学生可以参加一些文艺表演等，这样不仅能够缓解经济压力，而且能在运用专业知识的过程中提高自己的实践能力。

（六）积极争取和充分利用各种实习实训机会

目前，很多高校都很重视对大学生实践能力的培养，纷纷在校内外设立实习实训基地。实习实训基地的运行模式一般是产学研结合，企业与学校在人才培养、科学研究、项目开发、资源共享等方面形成互惠互利的合作和交流关系。例如，安徽某高校与上海通用公司合作，成立上海通用汽车 ASEP 教学中心，直接在教学中心给学生开展实训教学。

顶岗实习使学生完全履行其实习岗位的所有职责，独当一面，具有很大的挑战性，真实的企业环境有助于学生提高现场工作能力，了解最新动态，发展创新思维和团队合作精神，提高服务意识，建立良好的人际关系，具有传统课堂教学无法企及的优势。大学生应该充分利用这样的机会，为顺利就业打下基础。

第三节　培养一般通用技能

通用技能是指任何职业都需要的、具有普遍性的能力。对大学生而言，通用技能是在校学习期间学到的所有知识的构成和体现方式，它与专业技能共同构成了大学生的职业能力。如果说专业技能是职业活动得以进行的基本条件，那么在具备一般专业技能的基础上，又同时具备通用技能，将使职业活动获得事半功倍的效果。

一、通用技能的内涵

当前用人单位在考核、挑选毕业生时，不仅重视应聘者的专业水平，还十分重视应聘者的基础知识、计算机水平和外语水平，甚至还有应聘者的社会知识等。2015 年 4 月，中铁四局海外公司到安徽某高校高薪招聘两名工程会计，学校推荐的两名学生在专业知识上都获得了人事经理的认可，但由于是海外公司，需要经常与国际人士打交道，两名学生的英语应用能力都达不到公司要求，只能遗憾地错失了大好就业机会。

（一）通用技能的分类

通用技能分为一般常用技能和“可迁移”技能。一般常用技能包括英语和计算机应用能力、驾驶技术及文化常识，如社会学、公共关系学、心理学、历史、人文地理、美学等方面的知识。目前，用人单位普遍欢迎“复合型”人才，所谓“复合型”人才，是指职业人除了拥有本身的专业理论和操作能力外，还同时涉猎多领域知识，虽不是“上通天文下晓地理”，但也具备多方面文化素养。

（二）几种重要的通用技能

根据我国职业教育的培养目标，通用技能大体上可包括以下几个方面的重要内容：

1．适应社会的能力

即将走出校门、面临择业与创业的大学生今后要想有一番作为，就必须注意培养自己适应社会的能力。在现实生活中，经常会有毕业生出现理想与现实不符的现象，一直生活在自己的想象中，留恋大学校园“象牙塔”的美好，不愿意正视现实、接纳世界。“物竞天择，适者生存”。对社会、对环境的适应，不是消极等待和对困难的屈服，更不是对落后、消极现象的认同，而是主动、积极地去适应。适应社会，首先是生存能力的考验，毕业生解决了走出校园后的独立生活问题也就能很快在社会上立住脚。

课堂活动

我很棒

请同学们拿出一张空白纸，在5分钟内，在纸上尽可能多地写下自己拥有的或自己想具备的社会适应能力，并与你的同桌分享，看看谁的多。

汇总大家的适应能力，发现其中的共同点，并对适应能力进行分类。

2．获取信息知识的能力

信息化已经成为社会发展的必然趋势，大学生获取信息知识能力的高低在一定程度上决定了应对就业的竞争力强弱。现代社会是信息社会，前沿知识和信息瞬息万变，各类职业都要求从业者及时把握本领域和相关领域的专业动态，迅速自觉地获取反映当今科学技术发展状况的新知识、新信息。只有那些掌握了丰富的信息知识，并在信息观念的支配下、在信息道德允许的范围内具备有效获取信息能力的人，才有可能成为未来社会的栋梁之材。

3．主动学习和终身学习的能力

有研究观点认为，大学毕业生在学校获得的知识只占其一生工作所需知识的10%，其余需在毕业后的继续学习中不断获取。随着信息时代的前进、新技术日新月异的发展，知识的更新换代不断加快。个体必须及时学习新的知识技能，才能跟上时代的潮流。当今社会是“终身学习型”社会，学习是一个不断充分发挥个人主动性和弥补个人思维缺陷的过程。现代的信息技术为“终身学习型”社会的形成创造了条件，应变单一的、被动的学习为自主的探索和合作型的学习，所谓“活到老学到老”就是最通俗的解释。

大学生既要培养自己“闻一知十”“举一反三”的能力，也要培养自己不断进行知识更新的能力，更要培养自己在学习和工作中自我归纳、总结，适时进行自我调整的能力。是否具备良好的学习能力和强烈的求知欲望是用人单位十分重视的，也是招聘时用人单位重点考查的内容之一。

4．创新能力

创新能力是指人们用已经积累的丰富知识，通过不断地探索和研究，在大脑中独立地创造出新形象、提出新的见解和做出新发明的能力。创新人才就是具有强烈的创新意识和创新精神，具有很好的创新思维和很强的创新能力，从而能提供创造性成果、有所建树的人。

高校毕业生在校期间，应当以主人翁的责任感，自觉主动地投入日常教学活动中去，发挥主观能动性，多思考，多提问，勤实践，努力把自己培养成为有创造性、有独立见解、又具有开拓与创新精神的人才。

5. 组织管理能力

组织管理能力指在一定的社会组织和集团中，将各种活动要素合理有效地加以协调、使用，以求达到最佳的工作目标的能力。组织管理水平的高低，已经成为评价一个部门、一个单位的工作水平和判断一项工作成功与否的重要因素。组织管理能力包括计划和决策能力、组织实施能力、决断能力、指导能力及平衡协调能力等。

许多用人单位挑选大学生时在注重学生的学业成绩的同时，对学生是否担任过学生干部、承担过社团工作很感兴趣。因为大学生将来无论从事何种工作，都离不开一定的组织管理能力。要把工作开展起来，把计划付诸实施，把他人的积极性调动起来，把集体的智慧发挥出来，没有一定的组织管理能力是不行的。

6. 表达沟通能力

表达能力是指运用恰当的方式阐明自己的观点、意见或表达思想的能力。它包括口头表达能力、文字表达能力、数字表达能力、图示表达能力等几种形式。准确是对表达能力最基本和首要的要求。同时，只有鲜明、生动的表达，才能更好地排除人们接受信息时的各种障碍，有利于表达目的的实现。因此，高校毕业生在培养表达能力时要尽可能地向准确、鲜明、生动的方向努力。

沟通能力是指一个人与他人有效地进行信息沟通的能力。恰如其分是指沟通行为符合沟通情境和彼此相互关系的标准或期望；沟通效益则指沟通活动在功能上达到了预期的目标，或者满足了沟通者的需要。团队工作中，在彼此尊重的基础之上，开诚布公地交换想法，以开放的心态包容和接纳不同的意见才能达到有效沟通。一个具有良好沟通能力的人，可以将自己所拥有的专业知识及专业能力进行充分发挥，并能给对方留下“我很棒”“我能行”的深刻印象。

7. 动手操作能力

动手操作能力是指完成文体活动、学习活动、专业训练、科学实验和生产劳动的实际能力。动手操作能力直接反映了一个人的实践能力和创新能力。在一切社会活动中，尤其是临床、科研、生产第一线，没有熟练的操作能力是很难胜任工作的。动手能力是知识转化为物质力量的重要保证，是高级专门人才必备的一种实践技能。它包括四个方面：一是迅速性，是提高效率的重要条件；二是准确性；三是协调性；四是灵活性。

随着现代科学技术的高度发展，社会对高校毕业生动手操作能力的要求也越来越高。动手操作能力不仅关系到几年大学的学业水平，而且也关系到个人未来的发展。因此，深刻认识动手操作能力的作用和意义，不断提高自身的动手操作能力，已经成为在校大学生面临的一项突出课题。

8．人际交往能力

交往是人类共同的心理追求。人是社会的人，在社会分工越来越细、协作越来越紧密的今天，人际交往的影响力越来越大，就业中缺乏交际能力就好比是在陆地行船，寸步难移。人际交往是指人们为了相互传递信息、交换意见、表达情感和需要等目的，运用语言、行为等方式而进行的人际联系和人际接触的过程，即通常所说的人际关系。人际交往能力指的是向他人传递思想感情与信息的能力。

对于正在学习、成长中的大学生来说，良好的人际交往能力不仅是大学生活的需要，更是适应社会的需要。一个人的交往能力越强，他的交往范围就越大，就越有可能从别人那里获得有价值的信息或良机，从而促进自身的发展，得到他人和社会的认可。因此，在其他条件相同的情况下，用人单位往往更愿意接收和使用人际交往能力强的人。

关于人际交往，戴尔·卡耐基曾提出过一个著名的人际理论："一个人的事业成就只有20%来源于他的个人知识能力和技术能力，另外80%要靠他的社会交往能力，包括人际亲和力、影响力，能够树立威信，善于团结群众，合作能力及让人信赖的能力等等。"

此外，需要特别强调的是，大学生管理和充分利用好身边的人脉资源，不仅可以为自己提供大量的信息，还可能提供实习甚至工作的机会。

二、培养通用技能的主要途径

通用技能的培养不是一朝一夕就能完成的，而是在平日的学习、生活中通过点点滴滴的反思和总结积累起来的。具体来说，大学生培养和提高通用技能的途径有以下几种：

（一）重视公共基础课的学习

大学课程安排一般都强调知识的广博与精深，因此，只有遵循教学规律，学好课程，才能保证大学生既有宽厚的基础知识，又学有专长。必修课是学习专业知识、接受专业训练、成为专业人才所必须要学习的课程；选修课是学生根据个人的兴趣爱好选择学习的课程。有的大学生存在"必修课选逃，选修课必逃"的错误观念，认为不逃课就不是大学生；有的大学生忽视公共基础课的学习，认为只要把专业课学好就行了，导致未能具备当代大学生应有的文化涵养。非文科专业的大学生，平日里学习一些写作知识和技巧，扩大知识面，这样用文字表达思想时才能言之有物，信手拈来。

普通专业大学生多掌握一门外语，精通电脑，无异于增添了腾飞的翅膀，使自己更受用人单位的欢迎。

（二）参加校园文化活动

校园文化活动是教学计划之外，引导和组织学生开展的各种有意义、健康的文化活动，包括学术性的、知识性的、文体性的、公益性的活动。通过积极参加校园文化活动，可以学到许多课堂上无法学到的知识，如校园内形式多样、内容各异的学术讲座、学术报告会、学术交流活动，既有助于大学生知识结构的优化，拓宽知识面，也有助于激发大学生的学习兴趣。

参加校园各种文化艺术活动有助于提高大学生的艺术修养，培养和发展创造力与想象力，有助于优化大学生自身的知识技能结构，从而进一步充实和提升自身的通用技能。

（三）广泛参与社会实践

实践是检验真理的唯一标准。当代大学生应深入社会，积极参加社会实践，增加社会阅历，提高工作能力，吸取前人的经验，理论联系实际，在实践中不断增长才干，从而提高自己的通用技能。目前，许多用人单位都要求求职者具备相应的工作经验。要达到这一要求，大学生可以利用双休日、节假日和寒暑假，了解社会，增加阅历，积累经验，增长才干。单位的老员工大都在某些方面有很丰富的职业知识和经验，而有些经验正是我们求职者所需要的。向前辈和同事学习，可以最大限度地利用资源，在最短的时间内学到最有用的职业知识和通用技能。

（四）充分利用图书馆和互联网

当代科学处于不断发展和变化之中，单纯的教材所能提供的知识技能容量和视野是有限的，大量购买书籍往往超出大多数学生的经济承受能力，因此，充分利用大学图书馆借阅参考资料是一种有效方式。随着信息技术的发展，大学生还应学习利用互联网等多种媒体尤其是数字型媒体来获取资料信息，多渠道地掌握知识和技能。

（五）参加业余培训

大学生可以利用业余时间去参加校园里或社会上一些培训机构举办的相关培训，从而获得自己迫切需要的通用技能。比如外语等级考试培训班、AUTO CAD 培训班、驾校、人际沟通能力提高班、演讲与口才训练班等。这在目前是很实用的获得通用技能的途径，而且在提高技能的同时，还可以获得相关部门颁发的资格证书。

（六）开拓思维，发展兴趣

爱因斯坦说过："热爱是最好的老师。"可见，兴趣和爱好是发展能力的动力。一般来说，兴趣和爱好广泛的人眼界宽阔、思想丰富，容易从多方面学习知识、发展能力。当代大学生应广泛培养健康的兴趣和爱好，如摄影、美术、书法、表演等，可以在择业时和职业发展中充分展示自我。

拓展阅读

一位哲学家搭乘一位渔夫的小船过河。行船之际，这位哲学家问渔夫："你懂数学吗?"渔夫回答："不懂。"哲学家又问："你懂物理吗?"渔夫回答："不懂。"哲学家再问："你懂化学吗?"渔夫回答："不懂。"哲学家叹道："真遗憾！这样你就等于失去了一半的生命。"

这时，水面上刮起一阵狂风，把小船掀翻了。渔夫和哲学家都掉到了水里。渔夫向哲学家喊道："先生，你会游泳吗?"哲学家回答说："不会。"渔夫非常遗憾地说："那你就要失去整个生命了！"

哲学家虽然具备丰富的理论知识，可是不会游泳，在水上遇到大风大浪依然无法应对。社会环境复杂多变，什么情况都有可能发生，因此，我们需要不断学习，提高自身各方面的能力素质，唯有这样才能应对各种变化情况。

第四节　企业看重的其他能力

在职场中，每个人都有自己的工作能力与技术，这些东西是毕业生进入职场的敲门砖，也是职场人可以在职场中立足的根本。

但是除了这些以外，还有一些能力可以为我们的职场加分。如果你拥有这些能力，那么当我们离开这家公司，去其他公司时我们也不会受太大的影响。因为这些能力，可以让我们在短时间内获得其他想要的能力。那么，企业最看重学生什么能力呢?

一、调整情绪的能力

其实不管是在生活中还是在工作中，一个人一旦学会调整情绪，让自己拥有积极的态度，他在做一件事情的时候主动性就会特别高，他会积极主动地去推进一件事情，这样这件事情就可以得到很好的发展，最终可以获得比较好的结果。

如果积极性比较低，人就会比较拖拉，最终不仅这件事情持续较长时间，而且还没有最终的结果，不管是对公司还是对个人来说都是一个比较大的浪费。

所以一个人拥有积极态度，在职场中，不管处于什么样的位置，都会获得别人的认可和肯定，从而不断获得职场中的突破，成为职场达人。

二、沟通能力

此处的沟通能力说的是语言表达能力以及写作能力，因为这两种能力是互通的。一个人，如果语言表达能力比较好，那么他在与其他人沟通合作的时候，效率就会很高。这样就可以降低两个人的沟通成本，为公司节约资源。

如果拥有比较好的写作能力，不管是在工作汇报中，还是在需求文档中，都可以很好地发挥出来，从而让信息得到一个比较好的保存与传播。让我们的经验与教训，可以更好地传递给新的同事，提升我们交接工作以及传递工作内容的效率。

知识链接

如何提高自己的表达能力

1. 表达前，对相关知识进行必要的归纳、加工，条理化地整理出来。

2. 如果你对内容还不是很熟练，表达之前，最好先把它写下来。

3. 多应用“举手法则”。当有机会发言的时候，无论你是否已经准备好，请先举手。不要在意自己的发言有多么糟糕，不用在意糟糕的发言可能令你有多么尴尬。记住，你是在执行一项自我修炼。

行为科学认为：21 天养成习惯。我们得先习惯“开口”。此时“面子”问题可能是自己的最大障碍。

4. 开会时，尽可能坐在前排。这样你会有比较多的机会发言。

5. 学会讲故事是另一个简单、实用的方法。有意识地收集一些故事、笑话、新闻，一有合适的时机就讲给身边的人听。初期，只要能把故事说完，讲清楚就可以了。至于对方笑不笑，喜不喜欢听，都不重要。不过，接下来你要提高要求了，把“讲”故事变为“演”故事，把自己想象成故事中的角色，然后“演”出来，这样做会使你讲故事的效果越来越棒。

6. 如果你还想做得更出色，可能要接受专业化的训练。

例如，著名的“三最训练法”：找一篇你非常喜欢的范文，用“最大声、最清晰、最快速”的方法，反复练习 21 天或 21 次以上。此时，你要让自己习惯：

A. 提高音调，找到有爆发力、感染力地演讲的感觉；

B. 提高音速，比平时说话快 30% 的语速最适合演讲；

C. 让你的咬字准确、清晰，听起来悦耳。

7. 模仿是学习最快的方式之一。

找几位你比较欣赏的专业演讲家、名人的录音、录像，反复模仿。不但要模仿声音，还要模仿语调、语气、语速，肢体语言、目光语言等，直到完全复制。此时不要有太多的杂念，不要想着要有自己的风格等。因为你还在学习阶段，你需要的是兼收并蓄，先做一个好学生、一个出色的演员。

掌握这项技能，对你的一生来说，无论你将来从事何种职业，绝对有百利而无一害。毕竟，在这个竞争激烈的时代，“一对一”沟通不如“一对多”沟通来得有威力。

三、目标导向能力

在职场中还有一种特别重要的通用能力，就是目标导向能力，不管我们做什么事情，不管我们处于什么样的职位，也不管我们用什么样的方式去完成工作内容，我们都需要明确自己做这件事情的最终目标到底是什么，并持续地朝着这个目标努力，当中间出现一些与这个目标不同的问题时，及时地做出调整，以确保最终目标的达成。

很多人在工作过程中会因为参与的人增多，会因为活动的量级变化而最终让目标发生了变化，这样就会使我们在做的与最初的预想有差距。那么在这样的情况下活动的效果、工作内容的效率自然不能得到一个比较好的保障。

除此之外，如果我们没有一个特别明确的目标导向，那么在工作过程中，就不会有强烈的时间概念，把所有的时间都耗在这里，却没有一个比较完善的结果，这样不管是对于公司发展，还是对于个人发展，都是有害无利的。

总之，毕业生想进入自己心仪的企业，想在职场中获得比较高的职位，除了掌握基本的工作技能以外，还要有以上三种通用的职场能力。只有这样，你才可以获得领导的认可和肯定，让自己的职场舞台越来越大。

拓展阅读

英特尔公司对人才能力的评价

在英特尔，我们经常谈两种能力，一是硬能力（hard skills），另一个便是软能力（soft skills）。硬能力指与技术相关的能力，软能力则指除技术之外的与人打交道的能力，比如英文要好，讲话要有条理，能够像讲一个故事一样把自己的理念告诉别人。

要在公司里立足、发展，不管做哪一行，首先你要成为某一方面的专家，也就是说要有自己的看家本领，要拥有自己的核心竞争力。其次是讲话要有人听，要有影响力，不论是做经理，还是做技术开发，你提供一个想法，一定需要有人跟随，如果没人跟随，你的想法是不可能实现的，因为现在所有的高科技项目，都需要团队的力量，仅依靠个人的力量是不可能完成的。

每个大学生，无论你身处何校、所学何专业，当你毕业时，真正能打动用人单位的是，你是否具备“核心竞争力”，以及围绕这种核心竞争力而建立起来的各种团队合作、人际交往的能力。你要把自己的优势展示给对方，那么，就应该从现在起，用行动聚集这些优势。

思政之窗

江苏省多措并举高质量推进毕业生就业创业工作

2021年江苏省高校毕业生总数达60万人，再创历史新高。受经济下行压力和新冠肺炎疫情叠加影响，高校毕业生就业形势复杂严峻。江苏省认真贯彻习近平总书记关于疫情防控和高校毕业生就业创业工作的重要讲话和重要指示批示精神，全面落实党中央、国务院有关决策部署，注重在危机中求新机，于“变局”中开新局，主动作为、开拓创新，以“创响青春、圆梦未来”大学生就业创业促进行动为抓手，开展“云服务”、推出新举措，助推高校毕业生高质量就业、成功创业。

坚持创新挖潜，保障优惠政策落地落实

以省政府名义专门出台若干条举措，全力促进高校毕业生就业创业。扩大招生规模，硕士研究生和普通高校专转本分别扩招1万人、1.5万人。扩大应征入伍规模，年度大学生征集指导比例提高至75%，其中征集的大学生新兵中毕业生达到45%以上。鼓励企业吸纳毕业生，中小微企业招用应届毕业生并签订1年以上劳动合同的，给予一次性就业补贴；国有企业今年招聘毕业生比例不低于50%。拓宽基层就业渠道，提高各级事业单位今明两年招聘毕业生比例，今年不低于70%；各地新开发的基层公共管理岗位和社会服务岗位招聘毕业生比例不低于50%；扩大中小学幼儿园教师和基层医疗卫生人员招聘规模。适当延迟录用接收，离校未就业的毕业生将户口、档案在学校保留两年或转入生源地公共就业人才服务机构，可以应届生身份参加招考、录用；推动落实教师和护士等五项准入资格“先上岗，再考证”。加大就业帮扶力度，对低保、残疾、获得国家助学贷款、建档立卡低收入农户家庭、特困人员的应届毕业生，以及湖北籍等六类高校毕业生给予每人1500元的一次性求职补贴。

注重积极探索，开展职业生涯规划引导

深入推进职业生涯教育工作，加大宣传力度，引导大学生合理规划职业生涯。举办大学生职业生涯教育主题月活动，开展集生涯教育、行业解析、就业指导、朋辈引领、职场体验相结合的大型综合活动。指导院校开展职业生涯教育活动，鼓励学生探索自我特质、挖掘内在潜能，提升职业生涯规划能力，引导学生紧扣时代需求、践行责任担当。遴选省级大学生职业生涯发展教育示范基地，计划自今年起，在全省各院校分批打造30个职业生涯教育的教学和实践平台。通过示范引领、经费投入、点面结

合等多种方式，建立专业化队伍，搭建学科体系和资源平台，着力构建覆盖全面的组织实施体系和适应学生终身发展的内容体系。举办“生涯逐梦、职赢未来”第十五届大学生职业生涯规划大赛，设立研究生赛道、本科生赛道、专科生赛道、创新创业赛道，动员170余所院校100余万名大学生积极参与，通过大赛进一步普及职业生涯规划知识，提高学生创新能力、实践能力和就业创业能力。

（资料来源：江苏省教育厅网站）

思考与训练

1．案例分析

20世纪60年代中期，中国发现了大庆油田，当时对外是严密封锁消息的。1966年7月，《中国画报》的封面上刊登了大庆石油工人艰苦创业的照片，照片上工人们穿着大棉袄，正冒着鹅毛大雪奋战在钻井平台上，据此，日本人得出油田在东北三省某地，因中国其他地区很难下这么大的雪。日本人又在《人民日报》上看到，王进喜进了马家窑，接着根据日文版的《人民中国》的介绍，中国工人阶级肩扛人抬将设备运到现场，由此日本人推断出石油钻井离马家窑很近。马家窑，据伪满时的旧地图标注，是黑龙江省海伦县东南的一个村子。又据王进喜出席第三届人民代表大会，推断出大庆油田出油了。最后根据钻井塔的照片高度，推算出大庆油田的总产量。在此基础上，日本人设计了适合大庆油田操作的石油设备，当中国突然向外界宣布征求石油设备方案时，日本人一举中标。

在这个案例中，你能从日本人身上学习到什么？这对于你今后的学习生活和工作有什么启发？

2．探讨回答

（1）对于“知识与能力孰更重要”，你有怎样的理解？

（2）你参加过哪些社会实践活动？从中学习到了什么？

3．课后反思

（1）你认为自己具备哪些通用技能？

（2）你认为对于将来的职业发展，你还需要具备哪些通用技能？

4．实际操作

根据自身实际，制订一份职业能力培养计划书。

第三章　大学生就业的前期准备

学习目标

1. 掌握就业信息收集的途径。
2. 掌握并会运用简历制作的技巧。
3. 了解简历投递的技巧。

案例导入

临近毕业，某高校毕业生小黄在电脑前不停查找着各种招聘网站信息，如智联招聘、厦门人才网……他在根据自己的专业和兴趣选择就业岗位时，总是面带愁容。而他的舍友小高早已胸有成竹，手中早就握着几个单位的就业意向书，从国企到民企，小高虽犹疑不定，但脸上总洋溢着灿烂的笑容。

小高说："我觉得自己能够脱颖而出，除自身的综合素质过硬外，主要是因为我手头有很多就业信息。从学校就业指导中心提供的就业信息，到我自己关注已久的公司官方网站上的招聘信息，再到一些企业的微信公众号，我都尽可能多地收集和利用这些就业信息，我是赢在起跑线上的。"

"知己知彼，百战不殆"这句名言反映了信息的重要性。求职信息对于每一位准备就业的大学生来说都十分重要。是什么让同专业、同宿舍的小黄和小高在就业的重要关头出现如此不同的境况呢？原因在于他们对就业信息的掌握情况不同。

第一节　就业信息的收集与甄选

就业信息对于每一位谋求工作的毕业生来说都至关重要。择业决策的过程实质上就是一个与择业有关的信息收集、分析和处理的过程。在择业过程中，无论是职业目标的确定、求职计划的设计，还是决策方案的选择、就业信息的收集和处理等都是基础。在就业形势日益严峻的今天，就业不仅是实力的竞争，也是信息的竞争。多一条信息，就会多一个机遇。择业黄金时期只有短短的几个月，应好好把握。

一、就业信息的类别

就业信息的类别、内容较多，面临初次就业的应届毕业生要重点了解以下三类就业信息。

（一）就业政策和相关规定

第一，国家就业方针、原则、政策和相关的就业法律法规。就业政策是根据国家经济社会发展战略和人才培养、使用的客观要求而提出的，是根据各个不同时期的发展规划、发展目标而制订的，随着国家整体政治、经济任务的变化而变更，它是毕业生择业、就业和创业的主要依据。毕业生应该在国家就业方针、原则和政策所规定的范围内，根据个人情况选择职业，并学会用法律法规来保护自己。

第二，地方的用人政策。各地区、各单位根据国家的有关规定，结合本地区情况，对毕业生的引进、安排、使用、晋升、工资待遇等制订了一系列更为具体的规定，如北京市《关于外地生源在北京地区就业的规定》等。不少地区为了吸引人才，还制订了许多优惠政策，这是毕业生应该了解的。

第三，学校的有关规定。为了调动学生学习的积极性，保证毕业生就业的顺利进行，学校一般会根据国家的政策要求制订若干补充规定，这也是毕业生应该了解和遵守的。

（二）就业流程

第一，就业体制。毕业生应该清楚就业工作是由国家以及各省、市、区和学校的哪个部门或哪个机构来负责管理指导的。这样，当毕业生在求职过程中遇到困难和问题时，就可以随时向有关的机构咨询。

第二，就业范围。目前，学校由国家、地方两级管理，有些院校的某些专业是校企合作、订单培养，因而培养出来的学生在一定范围内就业。

第三，就业程序。什么时间开始和终止联系用人单位；签订就业协议必须履行哪些手续；在学校规定的时间内没有同用人单位签订就业协议，户口和档案将转到何处；调整改派的程序是怎样的等，这些问题毕业生都要搞清楚（请看第五章第一节）。

（三）就业行情

第一，了解国家经济社会发展的方针、任务和发展战略；了解产业的分类与结构，以及产业结构的调整和变化趋势；了解职业的分类与结构，以及该职业发展的趋势，总揽全局，更好地把握自己，在经济社会发展的大背景下找到自己的正确位置。

第二，了解当年毕业生总的供求形势，即与自己同时毕业的学生全国、全省有多少，而用人单位的需求有多少；是供大于求，还是求大于供，或者两者基本平衡；哪些专业紧俏，哪些专业供大于求等。

第三，明确本专业的培养目标、发展方向、适用范围。

第四，了解同自己专业直接对口或相关的行业、部门和单位的现状和发展趋势。

第五，掌握用人单位的信息。许多毕业生在就业时，往往会产生这样一些错误认识：对用人单位情况不甚了解，又没有做一定的比较，于是在择业时带有很大的随意性和盲目性，如只挑选大城市而不问用人单位的性质、业务范围；盯着有"关系"的单位，企图靠"关系"得到提拔和重用，还有的只图单位名称好听就盲目拍板等，这些都是片面的。要识别一些假象，做到对用人单位有比较客观的评价，关键在于掌握用人单位的信息：

用人单位的准确全称；

用人单位的隶属关系，以及上级主管部门（指人事管理权限）；

用人单位的联系办法，如联系人、电话、通讯地址、邮政编码等；

用人单位的所有制性质；

用人单位需要的专业、使用意图、具体工作岗位；

用人单位对所需人才的具体要求；

用人单位的规模、前景、地理环境、经营范围和种类等；

用人单位的福利待遇，如薪资、福利、奖金等。

了解和掌握用人单位的信息量越大，判断准确率越高；反之，则越低。所以说，能否很好地搜集、分析用人单位的信息，是对毕业生所学知识和能力的一次检验。

二、就业信息的收集

就业信息不能只靠自己到处跑着找单位或发求职信来搜索，要善于利用各种渠道、通过各种途径收集信息。获取的信息越多，择业的视野就越宽阔。根据目前人才市场及地方的特点，大学生获得就业信息的途径主要有如下几种：

（一）学校毕业生就业指导机构

学校毕业生就业指导机构专门从事毕业生就业工作，是毕业生获取求职信息的主要渠道。学校毕业生就业指导中心同上级主管部门和有关用人单位保持着广泛而密切的联系，而且经过多年的工作实践及合作，已经形成比较稳定的关系。在每年毕业生就业阶段，学校毕业生就业指导机构会有针对性并及时地向各个用人单位发布毕业生资源信函，并以电话联系和参加各种信息交流活动等方式征集大量的需求信息。学校毕业生就业指导机构一般在每年11月份至次年的5月份会专门组织各种形式的毕业生就业洽谈会，在毕业生和用人单位之间架起一座桥梁。由于学校提供的信息数量大，针对性、准确性、可靠性较强，是毕业生求职最主要的信息源。

（二）各种类型的毕业生就业市场

为做好毕业生就业工作，各地方、各行业及各高校建立了规模不等的人才市场。这些人才市场信息量大，建立了毕业生和用人单位直接洽谈的平台，是毕业生求职的理想场所、信息的重要来源。

（三）互联网

目前，大学生也利用互联网传递求职就业信息。利用互联网获取就业信息，有许多其他途径无法比拟的优势：从互联网上可以直接了解当年教育部、有关省市、部门的毕业生就业政策；可以进行在线就业指导，帮助求职并提供择业技巧；可以进行网上招聘和推荐；可以进行就业心理测试及辅导，有针对性地帮助毕业生进行职业选择；可以了解就业站点信息，就业站点既有大量人才市场的链接，同时又有高校毕业生就业站点及用人单位的站点链接，还提供成功人士介绍、搜索引擎、软件下载、综合站点及其他特色站点推荐、部分学生个人主页推荐、热点新闻报道和免费电邮等服务。互联网的信息反馈速度比一般交流方式速度快，是毕业生求职信息获取的重要渠道。

（四）手机移动网络

近年来，用手机找工作已经成为大学生就业的重要途径。首先，很多招聘公司、招聘网站都有移动端的网址，大学生可以登录手机网站查看招聘信息、投简历、与HR交流等；其次，很多针对招聘开发的App提供了更加直接的招聘平台，如BOSS直聘就是让大学生直接与企业的负责人交流，避免了中间环节的沟通消耗，使找工作更快、更准；再次，大学生通过手机qq、微信、微博等方式找工作，如搜索相关行业的微信公众号、微信群等，通过关注公众号发布的招聘信息和微信群里的信息，更加精准地找到自己心仪的工作。

（五）大众传播媒介

传播媒介不仅传播信息迅速，而且涉及面广，信息传播也及时。许多用人单位通过新闻媒介，如广播、电视、报纸、杂志等来介绍企业现状、发展前景及人才需求，从而使新闻媒介成为一个巨大的信息源。这种信息的特点是传播快、范围广、内容新，但由于就业的竞争性较强，又受到传播媒介篇幅、时间的限制，往往介绍内容比较笼统、不全面，大学生还需根据线索深入收集。《中国大学生就业》杂志和各省市人才报、晚报等，每年都在大学生求职择业的关键时期发布用人单位需求信息和当年的就业政策，只要经常阅读，一定能得到有用的信息。

（六）社会关系

一般来说，社会关系包括家长、亲戚、朋友、师生、校友以及其他熟人。毕业生可以直接通过家长、亲友、同学及其他熟人的帮助来广泛收集就业信息。这种信息针对性强，参考价值较高，是大学生就业的重要渠道。

（七）社会实践和专业实习

这种信息具有全面性、准确性、成功率高的特点。大学生通过社会实践、实习，开阔了视野，增强了就业意识，并将所学专业同将来从事的工作结合起来，对用人单位有了一个全面的了解，用人单位也全面地了解了学生的情况。毕业生在参加社会实践和毕业实习时，应该力求做到单位的选择与就业意向挂钩。如果各方面表现突出，社会实践和毕业实习极有可能成为择业成功的机遇。

（八）询问、亲自拜访

求职者可以电话询问或登门拜访用人单位，也许会得到一些意想不到的信息。

拓展阅读

求职的基本流程

第一步：求职准备。（职业兴趣、专业认识、职业规划、专业能力、求职材料）

第二步：搜索招聘信息。（各种渠道）

第三步：简历投递。（现场或者网上）

第四步：笔试。

第五步：面试。（可能多轮）

第六步：签约。

第七步：实习。（属于在校生）

第八步：入职。（毕业后）

课堂活动

就业信息搜集训练

活动目的：提高就业信息的搜集与处理能力，为今后的求职择业打下良好基础。

活动要求：

（1）根据自己所学专业及想要应聘的岗位，搜集三则合适的就业信息，并完成表3－1。

表3-1　就业信息表

搜集途径			
公司名称			
职位类别			
职位名称			
职位描述			
工作地点			
雇佣条件			
联系方式			

（2）将搜集到信息与同学进行分享，交流搜集信息的方法。

第二节　简历的制作与投递

求职简历也称求职履历表，是求职者自己学习、工作、生活经历、技能、成就、经验、教育程度、求职意向的简要概括和总结。求职简历的目的在于引起用人单位的注意以赢得面试的机会，进而充分展示个人能力和才华，达到被用人单位录用的目的。

一、求职简历的类型

常见求职简历类型包括：纸质简历、在线简历、新媒体简历等。不同类型的简历，其内容大致上一致，但也存在一些差异。

1. 纸质简历

纸质简历是求职者为了让用人单位了解自身情况，用文字将个人基本信息等求职内容展示在纸上，是求职者向用人单位证明自己能够胜任所申请岗位的依据。简而言之，纸质简历是写着“自认为必要及必须告知他人的求职应聘信息”的材料。纸质简历的内容结构、风格设计及封面制作等多种多样，学生求职者可进行个性化的设计与制作。

2. 在线简历

在线简历指求职者在应聘时通过网申系统填写提交的电子简历，即学生求职者直接在用人单位招聘主页或第三方专业招聘网站的申请投递页面，按照所提供的固定格式来填写的求职简历，也有部分用人单位要求填写其设计好的信息表格后再上传电子版（一般为 word 文档）个人简历。

3．新媒体简历

随着互联网的发展，用人单位为节约招聘成本，招聘方式也在发生变化。随着微博、微信等即时通信工具的普及，不少用人单位已采取“微博招聘”“微信招聘”等招聘方式。新媒体简历主要包括“微博简历”和“微信简历”两种形式。“微博简历”主要是指求职者通过微博平台向用人单位投递的简历；“微信简历”主要是指通过微信平台向用人单位投递的简历。

二、求职简历的格式

1．表格式简历和条目式简历

简历格式一般有表格式（表 3 – 2）和条目式（表 3 – 3）两种。到底采用何种形式，需根据求职者本人的实际情况来决定。

（1）表格式简历通过表格的形式展示求职者的基本情况，简明清晰，易于阅读，比较适合应届毕业生。

（2）条目式简历不受表格限制，容量较大，可以根据实际情况展示求职者的资料，比较适合有一定工作经历的求职者，也适合需要展示较多资料的应届毕业生。

对应届毕业生来说简历的篇幅最好控制在一页纸以内。

表 3 – 2　表格式简历

<table>
<tr><td>姓名</td><td></td><td>性别</td><td></td><td rowspan="5">照
片</td></tr>
<tr><td>民族</td><td></td><td>出生年月</td><td></td></tr>
<tr><td>政治面貌</td><td></td><td>籍贯</td><td></td></tr>
<tr><td>毕业院校</td><td></td><td>专业</td><td></td></tr>
<tr><td>居住地址</td><td></td><td>联系电话</td><td></td></tr>
<tr><td>求职意向</td><td colspan="4"></td></tr>
<tr><td>教育背景</td><td colspan="4"></td></tr>
<tr><td>社会实践经历</td><td colspan="4"></td></tr>
<tr><td>获奖情况</td><td colspan="4"></td></tr>
<tr><td>职业技能</td><td colspan="4"></td></tr>
<tr><td>自我评价</td><td colspan="4"></td></tr>
</table>

表3-3　条目式简历

姓　　名：
求职意向：
出生年月：
联系电话：
教育背景：
××××年××月—××××年××月　　××××学院　　××××专业
主修课程：
培训经历：
工作经历：
××××年××月—××××年××月　　××××公司　　××××岗位
××××年××月—××××年××月　　××××公司　　××××岗位
获奖情况：
职业技能：
自我评价：

2. 字体和字号

在简历中，小标题可以用黑体，而正文部分一般采用宋体。可以适当用粗体来进行突出强调，应尽量避免过多使用不同字体。

3. 排版

求职简历以一页为宜，且不宜将内容安排得太满，让简历看上去密密麻麻。可以用统一的项目符号使每个标题或内容对齐。这样能让招聘者在审阅简历时眼睛舒服一些，不至于太吃力。

4. 用纸和打印

如果需要提供纸质简历，建议使用80克以上的A4纸张打印简历，尽量不用复印的简历，以免影响效果。

三、简历的内容

简历的正文一般由7个部分组成，即基本信息、求职意向、教育背景、社会实践经历、获奖情况、职业技能和自我评价。求职者可结合自己的背景和特点，对各部分内容及排列顺序进行调整，不是所有项目都必须涉及。

1. 基本信息

基本信息一般包含姓名、性别、出生年月、政治面貌、家庭住址、联系电话、电子邮箱和照片等内容。婚姻状况、家庭地址、身高和体重等较为隐私的信息，可根据用人单位的招聘要求有选择地填写。

2. 求职意向

求职意向也叫求职目标，它是求职简历的灵魂。简历中对自己的能力、经历等的介绍都是针对特定的求职意向而设计制作的。如果有多个求职目标，最好分别撰写不同的简历。求职意向越具体、针对性越强，获得面试机会的概率越大。

求职意向应做到语言精练、概括性强，避免含糊笼统、无针对性。求职意向可通过浏览中华英才网、智联招聘网、前程无忧网等国内著名的求职门户网站，搜索具体职位或岗位名称的准确提法，规范填写。

最佳的求职意向写作方法应该是：行业+职位名称（最好是精准的职位名称）。

3. 教育背景

正规的学校教育、自我提升和学习经历、参加专业机构的培训等内容都可以在教育背景中说明，内容最好与所应聘的工作职位相关。

具体可以包含以下信息：

① 时间/学校/院系或专业/学历（原则：① 匹配；② 重点突出；③ 简洁）；

② 主干课程（选列课程的主要原则：所学课程与申请岗位对应，分数很高的专业课程要写明）；

③ 其他亮点（个人成绩，取得的成就等）。

4. 社会实践经历

这部分是简历的重点。按倒序排列出求学阶段所担任的职务，以及在各种实习中承担的工作，包括校外的兼职、实习经历和校内社团等实践活动。

在描述实践经历时，切忌含糊不清，一定要将自己的具体工作内容明确地描述出来。对实习经历，最好用一两句话概括自己的最大收获。

5. 获奖情况

这部分包括学生时代获得的所有荣誉及各类证书，如三好学生称号、优秀学生干部称号、奖学金以及技能竞赛所获奖项。可根据获奖时间顺序进行排列，也可按照奖项的级别从高到低列出。

无任何工作经验的应届毕业生应着重列出此项，这有可能成为简历的亮点。

一定要注意“相关性”原则，突出对未来工作最有用和与之最直接相关的获奖情况，从格式版面上做到清晰有序、层次分明。

6. 职业技能

应该让招聘者从简历中了解自己所具有的各种能力。技能描述一般分为三个方面：英语、计算机及专业技能。

7. 自我评价

求职者在写自我评价时，可以先回顾一下自己的工作经历，思考自己在以前的工作中所积累的工作经验，然后再挑选出与所投递岗位的要求比较吻合的性格特征、职业素质及工作能力等，写在自我评价中，以突出自己的优势。

四、制作简历的细节问题

1. 填写的内容一定要真实、完整、准确，不应留下任何修改痕迹。

2. 有条理地展现优势，突出重点，提供最重要的信息，如果经历丰富并和求职内容相关就详细介绍，特别是要介绍与个人能力相关的社会实践和任职情况。

3. 求职简历应避免的问题：

（1）脱离招聘单位的需要。强调自身的能力是否适合，应主要考虑招聘单位关注的人才素质结构。

（2）事无巨细，面面俱到。展现优势要有针对性，有重点和核心，少进行自我评价。

4. 求职简历写完后要认真核对，不能出现文字、标点、排版错误，语句一定要通顺。

5. 其他说明：

（1）记住你的简历写了什么和向什么单位申请了什么职位。

（2）按要求填写。在网上填写简历时，要严格按照招聘方的要求，要求网上填写的就不要寄纸质简历；要求用中文填写的就不要用英文填写；要求填写在固定区域的不要另加附件。

（3）尽量不要以附件的形式发送自己的求职简历。因为技术等原因，某些单位的电脑无法打开附件。有的时候为了防止感染病毒，招聘单位也不会打开。所以最好按照公司网站的招聘要求发送，或者干脆用纯文本格式写在正文中。

（4）要善于利用计算机来写简历。计算机中的中文处理程序有着丰富的文字处理功能，它会帮助你设计出令人满意的简历格式。另外，最好找一台打印质量高的打印机来打印求职简历。

（5）求职简历前后一定要吻合，不要有逻辑上的错误。比如：求职简历发向贵州某公司，但简历内部的求职意向却是四川、广西。

知识链接

成就“动人”简历的12项原则

简历是一份非常重要的自我推销文件，其目的在于争取面试机会，要达到这个目的，就得说服收件者，让对方知道你具有什么条件。你可能要与几百个甚至上千个求职者竞争，所以必须设法展现自己的才能，瞬间抓住招聘人员的注意力，出奇制胜。

在招聘人员的挑选过程中，简历是你唯一能够全权控制的部分，至于写出来的简历如何，则与所做的准备成正比。你会发现，若想写出“致胜”简历，需要意见和指导。以下是关于简历的12项原则。

（1）内容资料简单扼要。

（2）避免咬文嚼字以及使用令人难以理解的措辞。

（3）用第三人称的立场写作（仿佛描述另一个人），如此便可以强调自己的成就，又不会显得自吹自擂。这是最标准的自荐方式，也能增强内容的权威性。

（4）不要只列出过去的职责，要强调你如何做出成果，如拉到新的业务、控制预算、节省开支、引进新理念（要显示出你的与众不同）。用精准的事实和数据把成就列清楚。例如，“销量提高了25%”远比“大大提高了销量”好得多。

（5）设计一份可以用于特定申请的文件格式。

（6）采用质量高的白纸打印简历，不要使用复印件（简历经常会被复印，效果较差）。基于同样的理由，也不要把简历钉成一份。

（7）采用效果良好的打印机，这点绝对不要随便将就。

（8）需要强调的部分采用粗体字，但是不要用太多花哨的字体或斜体字，因为会分散招聘人员对于重点信息的注意力。

（9）版面设计必须吸引人且容易阅读。

（10）采用强有力的字眼显示你如何取得成果，例如：

获得　创造　发动　　贯彻　增加　坚决

重建　革新　管理　　凌驾　促成　解决

（11）以两页为限，并且一定要把重点写在第一页。

（12）要积极争取，但不要撒谎，否则你获准面试或接受测试时很容易露出马脚。

五、简历投递技巧

选择何种方式投递简历，对于高校毕业生来说有着十分重要的意义。一般来说，有以下几种常见的简历投递方式：

（一）电子邮件投递

这是目前绝大多数企业采用的简历接收方式。因此，求职者使用较多，但命中率较低，需要掌握一些规律和技巧。

1. 邮箱的选择

可选择稳定性、可靠性高的公共邮箱，如网易的163、126邮箱等，并设置签名档（包含个人姓名、学校及联系方式，格式统一）。

2. 邮件的标题

最好在标题中写上自己的名字与应聘的职位，这样便于HR审核你的简历。

3. 邮件正文内容

无论是用正文还是附件发送简历，都应在正文中贴上简短的求职信，一定不能在邮件正文中留空或者只是注明“附件是我的简历”等。关于用电子邮件发送简历时是采用正文发送还是附件发送的问题，可视具体情况灵活处理。

（二）现场投递

在参加宣讲会、现场招聘时投递简历，获得面试的概率大。参加现场接收简历的宣讲会、招聘会应准备记事本和笔，记录简历的现场投递情况。

（三）网申（Online Application）

这是当前最流行的简历投递方式，很多知名企业会选择这种方式进行校园招聘。应聘者通过招聘方指定的招聘网站或者官方网站来投递简历，招聘方通过设定特定的在线问题、筛选标准筛选简历。在国内外校园招聘领域中，有很多专业招聘网站为企业提供网申系统，例如国内的前程无忧、中华英才网、智联招聘、应届生求职网等。

（四）其他方式

这主要是指招聘单位要求应聘者现场递交简历并报名参加考核的方式，发布此类招聘信息的多为事业单位、医疗机构、国家机关等。

知识链接

HR如何看求职简历

每个HR都有自己对求职简历的认识和看法，但是从工作任务来看，HR在查看求职简历时有一些共同的关注重点。

（1）关注基本能力和发展潜力。相对于职能部门，HR都是外行，他们更多是从企业角度出发，查看应聘者的个人素质是否与企业文化一致；同时他们还会站在职场发展的角度，查看应聘者的基本能力和发展潜力。这两点也是应聘者要在求职简历中重点予以体现和证明的。

（2）重点看适合岗位的优势信息。面对大量简历的时候，如果5秒内在简历上还找不到和职位相关的信息，HR往往就不会再看下去；如果15秒内HR还没有看到应聘者胜任或适合岗位的优势信息，往往也不会再继续看下去，应聘者的简历在15秒内就被判了“死刑”。人的阅读习惯都是自上而下、自左而右，但对于需要快速浏览简历的HR来说，他们一般看的却是简历的中上部。也就是说，一页简历中上部的信息一定要和应聘职位相关，并且能反映个人胜任应聘职位的最大优势。

（3）查找胜任职位的能力与素质。HR查看简历时首先是看应聘者是否具有胜任该职位的能力与素质，知识、证书、技能、经验等都是证明自己能胜任这个职位的依据；其次，HR判断应聘者是否适合他们公司，主要看职业素质，需要求职者用实例来证明自己具备诚信、认真等品格。

第三节　求职信的写作技巧

求职信和个人简历一样，是求职者求职时不可缺少的应用文书，是进入面试的有效通行证。一般来说，求职信更针对应聘单位指定的个人，如公司或企事业单位的负责人等。求职信常以突出的个人特征与求职意向打动招聘者。

一、求职信的作用

1. 表现自我，求得录用

表现自我，求得录用，是求职信的基本功能。要实现求职目的，就必须扬长避短，突出优势，在众多的求职者中崭露头角，以自己的某些特长、优势、技能等吸引用人单位。

在向知名企业，特别是外企或500强企业求职的过程当中，一封出色的求职信是必不可少的。一封体现个人才智的求职信，能帮助你顺利得到面试机会，谋求一份理想的工作。求职者需要仔细考虑自己写求职信的目的及其可能产生的影响。

2. 沟通交往，意在公关

求职信是求职者和用人单位之间的沟通桥梁。通过沟通，在相互认识、交流的基础上，实现相互交往，是求职信的基本功能。通过相互交往，求职者才可能展示才干、能力、资格，突出其实绩、专长、技能等优势，从而得以录用。因此，求职信的表现力非常强，对给用人单位留下良好印象有重要作用。

二、求职信的格式

求职信是一份正式的公文，有固定的格式和习惯用语。一般来说，一份完整的中文求职信分为标题、称谓、正文、结尾、署名和日期、附件六个部分。

1. 标题

求职信的标题通常只有文种名称，即在第一行中间写上“求职信”三个字。

2. 称谓

称谓是对收信人的称呼，写在第一行，要顶格写收信者单位名称或个人姓名。单位名称后可加“尊敬的××部门负责同志”，个人姓名后可加“先生”“女士”“同志”等，并在称谓后加冒号。

求职信不同于一般私人书信，收信人未曾见过面，所以称谓要恰当、庄重。

3. 正文

正文要另起一行，空两格开始写求职信的内容。正文内容较多，要分段写。通常，求职信的正文要包含以下三个方面的内容。

（1）写求职的原因。首先简要介绍求职者的个人信息，如姓名、年龄、性别等。接着要直截了当地说明从何渠道得到招聘信息以及写此信的目的，比如，“我叫李民，男，现年22岁，是一名财会专业的大学本科毕业生。我从报纸上看到贵公司招聘一名专职会计人员的消息，不胜喜悦。以本人的水平和能力，我冒昧地毛遂自荐，相信贵公司定会慧眼识人，希望能有机会成为贵公司的一名会计人员。”这段是正文的开端，也是求职的开始，介绍有关情况要简明扼要，对所求的职位，态度要明朗。而且要使收信者有兴趣将你的信读下去，因此开头要有吸引力。

（2）写对所谋求的职位的看法及对自我能力的评价。对所谋求职位进行评价，并对自己的能力做出客观公允的评价，这是求职的关键。要着重介绍自己的有利条件，特别要突出自己的优势和“闪光点”，以使对方信服，从而获得参加面试的机会，为求职成功奠定良好的基础。例如：

“我2018年7月毕业于××学院财会专业，成绩优秀，在省级会计大奖赛中，获得‘能手’嘉奖（见附件），在××杂志上发表过多篇学术论文（见附件）。我在有关材料上看到过关于贵公司的情况介绍，我喜欢贵公司的工作环境，钦佩贵公司的敬业精神，又很赞赏贵公司在经营、管理上的一整套切实可行的规章制度。这些均体现了贵公司在当前改革开放经济大潮中的超前意识。我十分愿意到这样的环境中去艰苦拼搏，更愿为贵公司贡献我的学识和力量。我相信，经过努力，我会做好我的工作的。”

写上述内容时，语言要中肯，恰到好处；态度要谦虚诚恳，不卑不亢。最好能达到见字如见其人的效果，给收信者留下深刻印象，进而相信求职者有能力胜任此项工作。

(3) 提出希望和要求。提出希望和要求要适度、得体，态度要谦逊、诚恳。大学生求职者可以在这一部分表达自己对获得面试机会的渴望，例如，“希望您能为我安排一个与您见面的机会”，或“盼望您的答复”，或“敬候佳音”等。这段属于正文内容的收尾阶段，要适可而止，不要啰唆，不要苛求对方。

4. 结尾

另起一行，空两格，写表示敬祝的话，例如“此致”等，然后换行顶格写“敬礼”，或“工作顺利”“事业发达”等。这两行均不加标点符号，不必过多寒暄，以免画蛇添足。

5. 署名和日期

写信人的姓名和成文日期写在信的右下方。先写姓名，成文日期写在姓名下面。姓名前面不必加任何谦称的限定语，以免有阿谀之感，或让对方看轻你的能力。成文日期要年月日俱全。

6. 附件

有说服力的附件是对求职者的鉴定凭证，所以附件是求职信不可忽视的组成部分。附件可在信的结尾处注明，然后将附件的复印件单独订在一起随信寄出。附件不需太多，但必须有重点，有分量，足以突出和证明你的才华和能力。

拓展阅读

求职信例文

尊敬的××领导：

您好！

很高兴地在招聘网站上看到贵公司的招聘广告，我对××职位非常感兴趣，期望能有机会加盟贵公司。

我是××职业技术学院电子工程系的一名学生，即将毕业。在三年的大学生活中，我学到了许多东西，我把大部分时间和精力放在学习上，并取得了优异的成绩。在校期间我主修电路、电子技术、信号与系统、数字信号处理、通信原理、无线电通信以及电子测量等有关课程。在学好各种基础课的前提下，我根据自己的特长和优势有选择地加深、拓宽专业知识面，熟悉 word、excel 等办公软件的基本操作；与此同时，积极参与社会实践活动，培养了较强的动手能力，同时也拥有一定的分析和设计能力；能够熟练使用 C 语言、C + +、VB 和 VC + +进行软件开发；有较好的英语听说读写译能力。

在校期间，我取得了全国计算机二级证书与大学英语四级证书。此外，我还积极参加校内的各种活动以及校外的各种社会活动，向实际困难挑战，在挫折中成长，不断磨炼自己的意志，增长自己的才干。我热爱电子这一行业，对模拟、数字、高频、低频电路都有一定的了解，我有能力、有信心，以后一定会学得更好更精。我愿用自己的专业知识及实践经验为贵公司的发展倾尽全力！

非常盼望能与您进一步面谈，恭盼回音。最后，衷心祝愿贵公司事业发达、蒸蒸日上！

此致

敬礼

求职者：×××

××××年×月×日

三、求职信的写作技巧

1. 求职信不能长，但是要有特色。在求职信中要重点突出你的背景材料中与未来雇主最有关系的内容。

2. 言简意赅，有条理，切忌面面俱到。

3. 字迹工整，文字通顺，不能有任何错误。

4. 确定求职目标，实事求是，切忌过分吹嘘。

5. 突出重点，有特色、有个性，不落俗套，同时让人读来觉得亲切、自然、实实在在。

6. 在求职信正式发送之前，让身边的人帮助修改。

7. 要谦虚，同时也要有自信，表明乐于合作与奉献。

8. 以情动人，以诚感人，建立联系，争取面试机会，不提待遇。

课堂活动

根据你的职业生涯规划在招聘网站上找一个招聘职位，并针对该职位撰写一份简历和求职信，并投递到老师指定的邮箱。

思政之窗

共青团服务大学生就业工作座谈会召开

2020年12月10日，共青团服务大学生就业工作座谈会在哈尔滨召开。团中央青年发展部有关负责同志，各省级团委学校部、部分高校团委负责同志参加。

本次会议旨在深入学习领会党的十九届五中全会精神，贯彻落实党中央关于稳就业的决策部署，落实团中央书记处有关要求，进一步认清形势、明确任务、压实责任，扎实推进新形势下共青团服务大学生就业各项工作。

会议强调，有关团组织要深刻认识新发展阶段大学生就业的新形势新特点，充分把握新发展理念催生的青年就业新机遇新方向，深入领会新发展格局对服务大学生就业工作的新任务新要求，推动服务大学生就业工作更高质量发展。

会议要求，要聚焦主责主业，以服务大学生就业作为传递党的关心关爱、增强青年获得感的重要切入点，切实增强团组织对青年的引领力。要对标青年需求，紧盯求职就业的关键环节、关键痛点，帮助大学生解决操心事、烦心事，切实提升团组织对青年的服务力。要坚持围绕中心、服务大局，落实落细落深就业观引导、就业岗位信息提供、就业见习实习等服务大学生就业重点工作，不断提升共青团对党和国家中心工作的贡献度。

会上，团内蒙古、吉林、江苏、福建、江西、山东省（区）委学校部，河南工业大学、云南民族大学等8家单位就服务大学生就业工作进行经验交流。

（资料来源：《中国青年报》，2020年12月11日）

思考与训练

1. 案例分析

张鹏是某高等职业院校机械制造专业的学生，平时的学习成绩处于中等水平，这使得他常常为自己的前途感到担忧。为了使自己能够顺利就业，张鹏在学校里长期坚持通过各种渠道关注相关的就业信息，同时还利用在校实习或兼职的机会收集了大量关于机械制造行业的招聘信息，并寻求机会主动与各用人单位的人事部门负责人接触，从中了解其用人需求。毕业前，张鹏选择了一家比较适合自己的公司去面试。由于张鹏对该企业了解得比较透彻，因此在面试时从众多的竞争者中脱颖而出，最后得到了自己理想的岗位。

通过张鹏的案例你得到了哪些启发？

2. 探讨回答

（1）现在有公司推出专门给大学毕业生制作简历的业务，对此你怎么看？

（2）小明即将大学毕业，他的父母已经为他找好了一份稳定安逸的工作，但是他想通过自己的努力寻找适合自己的工作。如果你是他，该怎么和父母商量？

3. 课后反思

（1）获取就业信息的渠道有哪些？

（2）制作简历的注意事项有哪些？

4. 实际操作

结合你自己的实际情况，制作一份求职简历。

第四章　笔试与面试

学习目标

1. 了解笔试、面试的注意事项。
2. 掌握面试的应对技巧。
3. 了解求职的基本礼仪。

案例导入

大学临近毕业，就业形势相当严峻，而高校毕业生小李又属于运气最差的那类。第一次，有家电器公司通知面试，出门前她打扮得太久，加上路上堵车，结果整整迟到了一个小时。工作人员扬起手上一堆报名表对小李说：“小姐，你不适合做员工，适合做老总。”第二次，小李素面朝天地提早来到那家公司，工作人员依然摇着头对她说：“注重仪表是对别人的尊重，你在学校没有学过吗？”

那段时间似乎是一场噩梦。几天后，一家英国公司的招聘广告让小李重新打起精神。这次的面试与前两次都不相同，公司对形象没什么要求，小李也准时到了应聘现场。参加面试的人都会合在一个大房间里，考官给每个人发了一张试卷，上面只给了一道看起来很简略的题目：英国每年买几个高尔夫球？没有其他数据，要求在45钟内结束作答。

这是个看起来莫名其妙的题目。初看的时候，小李都傻眼了，后来仔细一想，这样的题目对她这个经济系的高才生来说并不算难，涉及的很多管理知识对她来说也是信手拈来。

所谓的“英国……买”其实就是英国进口。进口的数量与市场需求有关，市场需求与人口有关。英国有多少人口，这个脑子里要有数。可以假设16～70岁之间的英国人有多少，其中最有可能打高尔夫球的30～45岁的英国人有多少。为了使数据精确，小李在试题上写出如何进行抽样调查。写完步骤后，再假设50万人口在打高尔夫球，其中经常打的有多少人，这些人估计每年要用多少球，其他人多久会打一次，需要用多少球。加起来就是英国人对高尔夫球总的市场需求。然后写下一组数字，小李很满意地交了试卷。

这题不是要应聘者随意写个数字，而是考查其思考的过程。一周后，小李收到这家公司的录用通知。

第一节 笔 试

笔试是用人单位对应聘人员的一种考核办法，其目的是用书面形式对应聘者掌握的基础知识、专业知识、文化素养、心理素质以及文字能力等方面进行综合考查，主要适用于应试人数较多、需要考核的知识面较广或需要重点考核文字能力的情况。

一、笔试的类型及内容

笔试的类型五花八门，用人单位根据自己的需要设置不同类型、不同风格的笔试题目，以达到选人的目的。笔试的类型根据试题内容可分为专业考试、智商测试、心理测试和综合能力测试。常见的笔试考试包括专业及技能考试、综合能力测试、心理测试。

（一）专业及技能考试

专业考试主要是按专业类别进行的着重考查职业活动所必需的专业知识的检测。例如，文史科的学生，如果毕业以后从事行政管理、文秘方面的工作，那文字能力至关重要。有的毕业生可能在学习期间已经在报纸、杂志上发表过文章，那么这样的经历已经为学生的求职增加了获胜砝码。但对于大多数学生来说，没有这方面的材料供用人单位参考，因此用人单位会针对岗位需求对应聘者进行笔试，以检测其阅读、分析、写作等方面的能力。理工科的学生在求职时也时常会遇到专业技能测试，如应聘某些计算机编程岗位，单位不仅要参考求职者的学历背景，看其是否有计算机等级证书，还会实地设置考题进行测验。另外，英语考试也是目前最常见的一种笔试项目，因为随着经济全球化，英语能力水平已经越来越被用人单位重视，但这类考试通常旨在检验大学生对英语的一般应用能力，题目不会过难，除非是专业翻译岗位。专业知识笔试可以考查毕业生的基础知识是否扎实、文字表达能力水平如何等，针对不同岗位，专业知识的测试各不相同，且针对性较强。

（二）综合能力测试

综合能力笔试的种类有很多，下面简要介绍几类常见的。

1. 考查简单的数理分析能力

典型的题型包括数列的规律、速算、平面几何和立体几何的一些简单应用。一般来说，这类题型不提供也不允许携带计算器。例如：

（1）使用下列每组数字，排出加减乘除的公式，得出“24”。第一组“1、2、3、4”；第二组“5、6、7、8”；第三组“3、3、8、8”。

（2）某个班有 m 名同学，问 m 为多少时，有两人同一天生日的概率为 0.6。建立数学模型并解答，同时说明该模型适用于通信中的哪些情况。

2. 考查知识域

所谓知识域，主要包括一些常识性的问题和时事方面的内容。下面列举比较有代表性的考题，这些都曾出现在很多公司的考题当中：

- ISO 的全称？
- 马斯洛的需求层次理论是什么？
- 新技术革命的标志是什么？
- 花岗石、涂料等装修哪一种会产生氡气？
- “知人者智，自知者明”是谁的名言？

不难发现，这些内容分布广，涵盖政治、经济、社会和人文的方方面面，因此重在平时的积累。

3. 测试语言理解和表达能力

类似于高考的语文考试，例如修改病句、选择合适的词填入、成语辨析、句群大意的归纳等。在很多公司的笔试中，都涉及这类题目。例如：

（1）选出有歧义的句子。

A. 缅甸仰光大金塔顶上为金刚华盖，镶嵌着四千多颗金刚钻、红宝石与翡翠，重量约 1.25 吨；

B. 没有辛勤的劳动，不会取得辉煌的成就；

C. 我深深地被他的真诚打动了心；

D. 即使他不能来，他也会通知你的。

（2）他说他无论怎样也不能不推翻，谁都会否认贝弗里奇说过的科学上危害最大的莫过于舍弃批评批判的态度的观点。他对贝费里斤的观点究竟是赞同还是反对？

A. 赞同　　B. 反对　　C. 与赞同和反对无关　　D. 既不赞成也不反对

求职者对这类题并不陌生，类似于高中的语文考题。要想答好这类题，全靠平时的积累。

4. 逻辑推理

逻辑推理的问题主要包括两种题型：一是图形的推理题，指通过寻找一定的规律来找出相似的图形或者不属于同类的图形。这是一种形象思维能力和抽象思维能力的复合的考核，而抽象思维的能力，特别是将具体的图形中的相同或者相似的共性找出来并将其元素化的能力是解题的关键所在。二是文字的分析推理题，考查的本质是对于充分条件、必要条件和充要条件的理解和判断，但是题目的类型多以生活化的场景来演绎，并不拘泥于简单的数学表达形式。例如：

（1）已知下列情况是真实的：甲、乙、丙、丁四人中至少一人是作案人；只有甲和丙都不是作案人时，甲的证词才正确；并非如果甲的证词正确则乙是作案人。问谁是作案人？写出推理过程。

（2）命题 A：如果甲不是木工，则乙是泥工；命题 B：只有乙是泥工，甲才是木工；命题 C 与 A 矛盾。请列出 A、B、C 三个命题形式的真值表，并回答当 B、C 同真时，甲是否为木工、乙是否为泥工？

（三）心理测试

心理测试主要是采用事先编制好的标准化量表或问卷对应聘者进行测试，根据完成的数量和质量来判定其心理水平或个性差异，除了通用型的心理测试外，一些特殊的用人单位常常以此来测试求职者的态度、兴趣、动机、智力、个性等心理因素，从而确定求职者是否符合岗位需求，是否适合在本单位发展。

二、笔试准备

（一）短期突击

如果你今天接到通知，明天就要去笔试，即使你把剩下的时间都用来复习，你的笔试能力仍然不可能有显著提高。但是“临阵磨枪，不快也光”，对于那些临时抱佛脚的求职者来说，笔试之前可以围绕职位说明来看书，也可以上网查询应聘单位以前的笔试考过什么，或者最近几天的招聘中考了什么，整理笔试内容并总结相关的应答技巧。

（二）长期备战

想要通过短期内的突击提高笔试的应试能力是不现实的。无论是英文的书面表达能力、逻辑思维能力和分析问题的能力，还是对于知识域的了解和掌握，都是一种长期的实践和积累，并不是可以一蹴而就的。

1. 英文阅读和写作的准备

在笔试阶段，英语考试主要会涉及阅读和写作两个部分。由于大部分的笔试英语和商业英语在表达习惯和表达技巧方面具有一定的相似性，内容方面也多有相同之处，因此，可以通过阅读一定量的纯正商业英语来培养自己的语感。笔试的英文阅读和平时看英文小说不同，重点是要对文章内容进行理解和分析，所以平时阅读英文材料时，要养成边读边思考的习惯，读完一段或是一个短篇之后，回想一下大致内容和相关细节，思考自己在阅读时的主要障碍和困难是什么，如果每次阅读都能做到边读边思考边总结的话，那么经过一段时间的积累，你的英语阅读能力会大有提升。

对于写作部分，要在通过大量阅读培养语感的基础上，勤动笔、勤练习，这不是光靠看就能解决的问题。大量的阅读可以为你提供许多有用的表达方式和行文思路，通过模拟练习，可以将自己阅读习得的知识内化。在语言学习上，阅读和写作本身就是两个相辅相成的过程，大量的阅读可以指导写作，而写作的练习也同样可以进一步提高你的阅读能力。此外，经过基础积累的阶段后，可以根据自己的职业目标，收集一些知名企业或目标企业历年的笔试考题，以及网上的一些模拟训练，适当进行一些有针对性的练习。

2. 专业技术性笔试的准备

专业技术性笔试比起其他笔试更具有针对性，考查求职者的专业知识及实践能力等，对技术性笔试可以从以下三方面准备：

（1）全面复习，心中有数。首先，考前应该结合具体职位搜集相关资料，可以通过网络或者向有经验的人咨询等方式了解你所要应聘的单位及岗位历年的笔试内容，对于可能要考的内容要做到心中有数。更重要的是，应聘者还应在平时加强专业课的学习，除了课堂学习外，还应广泛阅读与专业相关的书籍，扩充自己的知识面。总之，专业知识的积累不是一朝一夕的事，是一个长期的积累过程，要想形成一个全面、立体的专业课体系，必须要在平时多下功夫。

（2）抓住重点，认真复习。专业技术性笔试主要是按专业类别进行的着重考查职业活动所必需的专业知识的检测。每个学科都有一两门概念性的课程，笔试之前可多看看这方面的教材。如果以前确实学过，那应该有笔记或者自己的复习提纲。看看主要的、重点的内容，不用看得太细。例如，应聘某些计算机编程岗位，那单位不仅要参考求职者的学历背景，是否有计算机等级证书，还会设置考题进行测验。如果应聘职位要求中提及要会 C + +，那大学生在笔试之前应该先用用 C + +，熟悉基本的知识点。

（3）心态调整最重要。有句话叫“心态决定成败”，由此可见心态的重要性。对于应聘者来说，面对笔试，或多或少会有些紧张，但要想在笔试中脱颖而出，就要学着保持一颗平常心，不要患得患失。客观冷静地对自己进行正确评估，相信自己的实力，克服自卑心理，增强自信心。很多人总会在笔试前担心自己笔试失败了怎么办，其实，即使失败了，你也可以积累一些经验教训，把这些当作实战前的演练，这样心态就会平和很多。很多成功人士都曾失败过很多次，俗话说“吃一堑，长一智”，有了失败的经历才能更快地成功。当然，对于笔试，应聘者也要给予足够的重视，不要盲目自信，不把考试当回事儿，因为过于自信就会变得疏忽大意，在笔试中很容易犯一些低级错误，最终导致失败。

3. 其他类型笔试的准备

除了英文的阅读和写作及技术性笔试之外，上文中还提到了一些其他笔试的类型。一般来说，对于数理分析能力、逻辑推理能力和语言表达能力方面的考查，准备的途径并不多，有针对性地准备的效果也不见得特别好。

一般来说，大部分的应试者在这一部分的表现都不差。虽然不同的应试者的专业背景不同，但是基本的分析能力和逻辑思维能力是每一个学科都需要的。在平时的学习中，每个人都会有意无意地去练习和拓展自己这方面的能力。因此，虽然笔试的题目你从来没有见过，但是其考查的本质是相同的，只不过这种考查方式你不是很熟悉而已。对于该种类型的笔试，我们分情况来讨论。

（1）对认知层面的考查。对于那些只涉及认知层面的知识，你不需要完整地理解它，但是你要有所了解。例如，强生（中国）的主要业务是医药和医疗器械，它的笔试题中出现了关于载人航天和十六大的内容，但是它对考生的考查要求是了解。因此，对于这些内容的笔试，与其说是考查知识点本身，不如说是考查求职者留意身边信息的能力。

（2）对理解能力和运用能力的考查。对于那些涉及理解和运用层面的知识考查，它不光要求你知道有这样的事，还要求你能够表达自己对这一问题的理解和看法，而给出个人理解和看法的前提是你对这一问题有一个较为完整和清晰的认知。

（3）加入英文写作的考查。涉及理解和运用层面的知识域的考查，还特别容易结合英文写作一起出题。对于这样的试题，了解所要讨论的话题是求职者成功写好文章的前提和阐发观点的基础。在这样的笔试中，求职者平时对于这方面内容的积累显得尤为重要。

三、笔试答题注意事项

（一）增强信心

信心是成就一切事情的重要保证，笔试怯场，大多是由于信心不足造成的。求职者要在考前冷静地对自己进行客观评估，回顾自己平时的努力，以增强信心。并且求职面试具有“双向选择”的特性，应聘者也不要有太大的心理压力，毕竟随着就业市场的不断发展，就业机会越来越多，应聘求职并不是一锤子买卖，求职者力求保持心态平和，正常发挥自己应有的水平即可。

（二）做好准备

参加面试前，求职者可以提前通过各种方式熟悉一下应试环境，这对消除考前紧张有一定的帮助。知晓考试的相关要求和注意事项，尽量按照要求事先准备好，例如相关证件、文具要准备齐全，考试之前不要再进行系统复习，可以适当重复一下重点，以保证考试当天有充沛的精力和良好的应试状态。另外要熟悉考场规则，不要因为自己的疏忽而被取消考试资格，甚至被用人单位怀疑自己的品格。

（三）科学答卷

拿到试卷后，首先应通览一遍，以便了解题目的多少和难易程度，根据先易后难的原则排出答题顺序。遇到较大的综合题或论述题，应先列提纲，再逐条论述。

四、笔试答题技巧

（一）排除法

如果考生细心的话，便能够发现排除法似乎适合每一种题型，行政职业能力测验的各类选择题也不例外。在考生解答客观题时，排除法是最有效的解题方法之一，并且它也最适合单项选择题。在这部分题中，考生根据自己平时所掌握的知识，便会轻易地将最不适合题意的选项排除掉。甚至有些题可以直接将其他三项排除掉，选出正确答案。其实部分题考生即使不能直接通过排除得出答案，也可以减小试题的难度，从而提高答题的正确率。

（二）去同存异法

应试者在阅读完试题内容和所有选择项后，根据题意确定一个选择项为参照项，该选择项同其他选择项存在着比较明显的特征差异。然后将其他选择项与之进行对比，把内容或特征大致相同的项目去掉，而保留差别较大的选择项。再将剩余的选项进行比较，最后确定一个符合题意的正确答案。

（三）印象认定法

印象认定法是指根据印象的深刻程度来选择答案。应试者在读完一道试题的题干和各项选择项后，各选择项对于考生大脑的刺激强度是不同的。有的较强，有的较弱，那些似曾熟悉的内容必然会在头脑中最先形成正确选项的印象，因此，据此做出的判断的命中率还是比较高的。

（四）比较法

此方法应用范围较广。在解答单项选择题时，应试者可以将各选择项同题意要求进行纵向比较，根据各自同题意要求差异的大小来确定最符合题意要求的答案。在解答多项选择题时，就要求考生将选项同题意要求做纵向比较，再将前一过程中保留下来的选项进行横向对比，最后确定符合要求的正确答案。一般经过这两次的对比之后，漏选或误选的可能性就比较小。

（五）猜测法

这种方法一般情况下是不可取的，因为它靠的是运气，正确率相当小。这种方法只有当考生运用其他方法均不能找到试题的正确答案时才可使用。猜测法，其最大的优点是可以避免考生在这种试题上过分深究，陷于其中而不能自拔，从而影响考生的注意力和考试情绪。这种方法虽然是靠运气，有时也有一定的命中率。

（六）大胆放弃法

考生的答题速度对笔试结果也尤为重要，对于大部分考生来说，过难的题目会影响答题速度，所以，对一些过难的题目应该选择放弃，跳过去做相对简单的题目，等答题结束之后，如果还有时间，再去考虑这些较难的题目，这样的选择会使考生的答题速度有一定的提高，对笔试分数也有一定的帮助。

当考生不能按照常规的方法正确解答题目时，使用以上六种解题技巧可以避免考生在一道题目上花费过多的时间，影响其他题目的解答。当然，何种解题技巧适用于哪种题目，则需要考生灵活处理。

第二节　面　试

一、面试的类型

用人单位在面试时采用的方式、方法很多，依其内容、形式可进行以下划分：

（一）按面试形式划分

1．模式化面试

面试人根据预先准备好的询问题目和有关细节逐一进行发问，目的是了解应试者全面、真实的情况，观察应试者的仪表、气质、谈吐和举止行为，以及沟通能力等。

2．项目式面试

即由面试人提出一个或者一项计划，请你予以完成或解决。其目的是观察应试者在特殊情况中的工作态度、表现情况，并判断应试者解决问题的能力。

3．闲聊式面试

即面试人海阔天空地与应试者交谈，尽量活跃气氛以使应试者自由发表言论，在交谈中观察了解应试者的能力、知识、谈吐和风度。

4. 加压式面试

即面试人有意识地对应试者针对某一问题连续发问，不仅详细，而且步步紧逼，追问到底，直到应试者无法回答。有时甚至有意刺激应试者，观察应试者在突如其来的压力下能否做出恰当的反应，以了解应试者机智程度和反应能力。

（二）按面试内容划分

1. 行为面试

即面试人在通过其他途径对应试者已有比较了解的基础上，直截了当地、有针对性地提出应试者做过或将来可能从事的重要工作，也可能涉及未来职位所需个人能力方面的具体问题，以考查应试者的逻辑思维能力及把握时间、合理配置计划的能力等。

2. 状态面试

这种面试与行为面试有紧密的关系，面试人提出的问题比较具体，往往和应试者在工作中的具体行为有关，而且会被问及为什么这样做，以观察应试者的处事能力和协调组织能力。

3. 特长面试

如面试人用外语同应试者会话，以了解其外语水平；或主试人当场命题，由应试者写段文字，考查应试者的文字能力、书法水平；或请应试者即兴演讲，了解他的语言组织能力与口才等。

4. 间接面试

这是一种特殊的考查方式，采用电话交谈方式，询问应试者在自荐书或推荐表中所涉及的内容，以考查应试者是否能胜任某项工作的基本能力和技术，或应试者能力与简历描述是否一致，以及应试者与他人沟通的能力。

（三）按参试人数划分

1. 主导式面试

面试人员在两人以上时，需确定一位主试人。事先准备好要提出的问题，面试时由主试人发问（内容同模式化面试，只是面试人数不同而已）。

2. “围攻式”面试

即有多人组成的面试组同时对一个应试者提问，从不同角度提出不同性质的问题，以考查应试者对各种问题的认识程度及思维应变能力。

3. 讨论式面试

即面试组与多个应试者就预先拟出的题目展开讨论。讨论由面试人主持，或请应试者轮流主持。在将近结束时，即兴出题，引导应试者讨论、辩论甚至争论，使之充分发表意见，以观察其人际交往、把握讨论动态及处理不同意见等方面的能力。

4. 集体式面试

即招聘一方由多人组成面试组，另一方是众多的毕业生，通过提问和对话，当场比较优劣，每个应试者都可估计出自己的面试效果。

以上分类是在一般情况下的划分，在实际面试中，可能只采用一种方式，也可能同时采用多种方式。

二、面试的特点

1. 综合性

通过面对面进行交谈、答辩和对问题的判断反应，对应试者的应变能力、实际操作能力、公关协调能力、解决问题能力、创新思维能力以及为人处世、举止仪态、气质风度、兴趣爱好、脾气秉性、道德品质等，都能做出多方位的考查评定。

2. 实效性

通过面试可以克服笔试“高分低能”的不足，可以通过实际操作直接考查应试者的技术能力和专业水平，提高人才选拔的质量和效果。

3. 直观性

俗话说：“是骡子是马牵出来遛遛。”面试是用人单位对应试者的面对面考查，具有直观性。

通过面试，用人单位可以对应试者的个性、爱好、特长、动机、愿望、能力、谈吐、仪表等做出综合判断、客观分析与公正评价。

4. 针对性

面试可以根据不同的应试对象有针对性地提出各种不同的问题，以便使考查更科学合理，避免人才选聘中的盲目性。

三、面试应对技巧

面试成败的关键往往在于面试老师是否欣赏毕业生，而不在于是否胜任所聘职位。是否胜任的问题是对未来的判断和预测，只能靠实际工作表现来决定；是否欣赏却是对眼前人的真实感觉。因此，所谓方法和技巧都应该围绕这个目标进行。

（一）自我介绍的技巧

自我介绍在面试中是最常见的。一般面试老师在问询和讲话之前，常常会先让应试者做一番自我介绍。为此，要做好充分的准备，争取使自己的自我介绍能给面试老师留下深刻的印象，并为后面的面试做好铺垫。

一要简明扼要，条理清晰。究竟向面试老师介绍什么、他们对哪方面的内容感兴趣、用什么样的表达方式、占用多少时间等，事前要认真考虑，实事求是地概括反映出自己的主要经历、主要特点和应试想法等。口试的题目，许多是预先准备好的。也有即兴提问的，尤其是一些“刁钻”问话，往往是有“弦外之音”的，应试者首先必须弄清题意，切中要害，针对问题的实质进行回答，不能偏离中心而“信天游”。要力求简洁明了、思路清晰、让人对面试者产生浓厚兴趣。

二要诚实谦逊，避免炫耀。应试者对自己的业绩不宜过分渲染，用渲染业绩的办法求职会让面试老师觉得应试者不够谦虚或华而不实。不宜在自我介绍时把所有“闪光点”和盘托出，否则就会有虎头蛇尾之感。如果把一些成绩留在后面再说，会给面试老师以含而不露的美好印象，让他对你刮目相看。

三要注意反应，适当调整。面试老师出于了解、考查应试者的目的，自然会注意应试者所做自我介绍的内容、语气等，也会对应试者的自我介绍做出反应。要注意观察面试老师的不同反应，适时恰当地调整自我介绍的内容、方式和语气等。要学会发现面试老师对什么内容兴趣度比较高，在后面回答时可以有所侧重。

（二）倾听的技巧

俗话说：“会说的不如会听的。”善于倾听对方的说话，是面试成功的又一要诀。首先要有耐心，对方讲话时，专注地倾听，不能“心猿意马”表示出不耐烦的表情，也不能打岔。其次要细心，善解其意，通过对方谈话的用词、语调、表情、动作等领会真实意思或“弦外之音”。再次，对面试人员的讲话或提问，要有适当反应。如果对对方的提问不明确或不理解、没听清楚，可用婉转诚恳的语言请求重复一遍甚至解释一下，对一些不好回答的问题，你可以用“您是不是说……”“您刚才说的是不是可以理解为……”等予以变通或强化，待对方认可后予以作答。注意倾听别人的讲话，表现出对别人讲话的兴趣，适时做出理性的反应。要时有点头，表示自己听明白了；或不时面带微笑，表明正在注意听或引起兴趣。

要避免完全被动，长期沉默。沉默寡言，会让人觉得不善于表达。但切勿争抢面试老师的半截话，要认真听完以后，再发表自己的意见。

（三）回答的技巧

回答问题之前最好思考一下，审慎回答。要全面细致地加以考虑，注意不要自相矛盾，防止留有尾巴，让人揪住不放，穷追不舍。

回答时应当抓住要点，用条理化的方式来说明，这样能给人以思路清晰、头脑反应快、思维能力强、办事精明可靠的印象。不要太简略也不要太长，切忌只回答“是”“好”“对”“没问题”等字句，要完整并举实例说明。

一定要弄清题意再进行回答，不能对尚未听明白的问题凭猜想胡乱回答。如果你对问题未完全听懂或者不清楚面试老师所提问题的意图，可以直截了当地询问："可否请您再说明一下这个问题?"

回答问题要诚恳踏实。因为一般情况下老实、诚恳总会赢得主试老师的好感，而过于夸耀和张扬，容易给人以浮夸、卖弄的印象。

要做到机智应变。毕业生在面试时，客观上处于被动地位，心理压力很大，面试成败往往取决于能否机智果断、随机应变。进入面试室要迅速判断面试类型，如果是"主导式"，就应把目光投向主试人，认真礼貌地回答问题；如果是"围攻式"，则应把目光投向提问者，逐一简明地回答提问，切不可只关注甲而冷落了乙；如果是"集体式"，分配给每个应试者的时间很短，事先准备的材料可能用不上，此时最好根据提问的内容，在脑子里重新组合材料，言简意赅地作答，切忌长篇大论。

要做到扬长避短。每个人都有自己的长处和不足，面试时要注意扬长避短。如性格外向的人容易给人留下热情活泼、思维敏捷的印象，但也会有不够稳重的特点，应答时可放慢语速，适当组织语言，不要反复讲某个话题，应该给人留下博学多才、见多识广的良好印象。性格内向的人则容易给人留下深沉有余、反应迟缓的感觉，在"讨论式"面试时，要力争早发言，并就某一重要观点展开论述，以消除不良印象。巧于行而讷于言的人，可实在而委婉地说明自己的长处和不足，用其诚恳实在的本色得到对方的信任。

冷静应对刁钻古怪的问题。面试中也许遇到"不怀好意"的提问，其真实用意在于让应试者受挫。有的提出特别尖锐的问题，考查其能否适应工作中的压力；有的提出让应试者左右为难的问题，考验应变能力；有的提出一些没有道理的问题，考验其是否立场坚定、是否有主见。若是反唇相讥、恶语相向，那就大错特错了。应将计就计，表现出理智、容忍和大度。

准确判断问题的真实意图，对症下药。当面试老师觉察到你不太愿意回答问题而又想有所了解时，可能采取声东击西的策略。面对这种情况，不要疏忽大意，更不能信口开河。

要避免过于直截了当和过于简单、草率地回答问题；还要避免过于迎合面试老师，显得自己缺乏独到的见解和鲜明的个性；应当防止谦虚过度，有失诚恳。

（四）表达的技巧

面试的成功与临场发挥有密切关系，而临场发挥往往又在于表达的方式，在于把握如何表达才对自己有利。

语气要自信，口齿要清楚。要注意表达的语气、速度、吐字等，语速不宜太快，音调要适中，不可忽高忽低，声音要浑厚，有节奏感。要把自信心和感染力融入语句之中，展示自我的勇气、知识、智慧、风度、气质等。

要把握谈话时间、内容的分寸。有分寸和节制才能让人接受和亲近，从而留下美好的印象。

使用谦虚的、征询意见的话语，可以向面试老师表明，他们在应试者的心目中处于受尊敬、受爱戴的地位。

可以利用健谈显示实力。如果对某个话题很熟悉，有新思路，又能以理服人，不妨使用一下健谈术，用以向面试老师显露出一些才华，显示一点儿实力，以增强说服力。健谈不可一开始面试就用，而且最好只用一次，但不可忘乎所以。

巧妙地摆脱失言的窘境。当发现自己说错了话，对方有所觉察时，可以坦率地更正并致歉意；如果对方未予介意，也不必当即改口或中断发言。因为只要谈话继续下去，有的问题可以留在以后弥补，而且要设法挽救得巧妙、漂亮、不露痕迹。

不要有口头禅。即使遇到老乡也不要说方言。更不要中外文混用。

（五）眼神的技巧

在面试过程中，应密切注视着面试老师。应试者的目光，应当平稳地看着老师，一般落在额头以下、胸部以上的部位，主要在眉眼周围。但不要目光呆滞、长时间地死盯着别人眼睛或鼻子等一个地方看，这样会使人感到很不舒服。

眼光和声音要同时与面试老师交流。一方面是要通过眼神了解面试老师，从面试老师的眼神中获得理解、信任，把握面试老师的个性；另一方面是应试者传达自己的愿望、真诚和自信，使面试老师从眼神中了解应试者。

当面试老师为多人时，考生需要用环顾的方法，照顾到“全视野”内的老师，以使每个老师都感受到你在同他说话，满足他们要求注意和尊重的心理，并提高他们对你的兴趣。

如果某位老师突然目光注视你，那么就应该主动与其保持接触，做出期待与其交流的样子，以促进考生与老师之间的融洽。

（六）提问的技巧

面试老师提及你是否有问题时，一定要把握机会发问，以表现自己对这份工作的强烈兴趣。可以通过提问的问题展示自己事先对用人单位和所应聘职位的了解，体现自己的与众不同。但是最好只就工作内容、人事规章等重要的问题发问，要克制自己的表现欲，不宜提问过多，不要离题太远，要适可而止。在面试过程中始终不要忘记自己的身份，要意识到自己正在接受面试。

（七）结束的技巧

面试时不可频频看表，当然也不要主动提出告辞。当面试老师示意面试结束时，最好与之配合结束面试，任何拖延时间的意图与举动都是不明智的。

不要以为面试结束了就可以随便，事实上机会无处不在。某单位的小王在整个面试过程中自我感觉很一般，只是在握手道别时，她告诉老师："没进来和刚进考场时，我希望三分钟就结束面试，而现在我却希望有更多的时间向各位领导请教。"进入单位后才知道，正是最后这句话给面试老师留下了深刻的印象，于是就给了她"继续请教"的机会。所以一定要做到善始善终。

面试结束时，考生应保持微笑，自然站起，为占用老师的宝贵时间和得到面试的机会而向对方致谢；还可以赞扬面试老师在面试过程中使你获益的某个特殊观点；然后与老师道别。但是仍然不要主动与老师们握手，除非老师主动伸手。

整理好自己的物品，千万不要丢三落四。走到门前，转身正面朝向老师再次表示感谢和再见，之后开门、退出，并轻轻地带上门。

离开前，记得对引导、接待的工作人员表示感谢。这除了表示对他们工作的尊重外，也显示出了你的良好的个人素养，留下好的印象。如果最终被录用，这些人都将成为领导或者同事，良好的礼貌能为将来的工作提供一个好的开端。

知识链接

一杯茶就能看出你"水底下的冰山"

第一种人，有人给他倒茶，他一动不动，心安理得。

第二种人，接过茶杯，连声道谢！

第三种人，立刻起身，抢过茶壶，说："我来，我来……"

第一种人连最基本的礼貌都不懂；第二种人有礼貌却不够主动；第三种人有礼貌且积极主动。用人单位需要的就是第三种人。如果这是一次"隐性"面试的话，你能通过吗？

（资料来源：http：//www. doc88. com/p－1911929153652. html，有改动）

四、面试禁忌

（一）忌不良习惯

面试时，个别应试者由于某些不拘小节的不良习惯，破坏了自己的形象，使面试的效果大打折扣，导致失败。

（二）忌不良表现

一是准备不足。无论你学历多高，资历多深，工作经验多丰富，当主试老师发现应试者对申请的职位知之不多，甚至连最基本的问题也回答不好时，印象分自然大打折扣。主试老师不但会觉得应试者准备不足，甚至会认为他们根本无志于在这方面发展。所以，面试前应做好充分的准备工作。

二是欠缺目标。面试时，千万不要给主试老师留下没有明确目标的印象。虽然一些应试者的其他条件不错，但工作没有目标就会缺少主动性和创造性，给企业带来损失。主试老师倒情愿聘用一个各方面表现虽较逊色，但有远大目标和热忱的应试者。

三是逞强好胜、耍小聪明。有的应试者一进入面试考场，便无拘无束、神采飞扬，处处显示高人一筹。不管主试老师愿不愿意，主动上前与他们一一握手，然后四平八稳地就座；对主试老师所提出的各种问题，均表现出不在话下的样子，回答问题总喜欢用“我以为”“我主张”这一类字眼开头，不管对错，均夸夸其谈。本来有些问题自己确实答不上来，但自作聪明，东拉西扯地乱讲一番，宁可跑了题，也不愿做个老实人。这样做不仅容易贻笑大方，而且会使主试老师感到你骄傲自满、敷衍塞责、不可信赖。

四是与主试老师“套近乎”。具备一定专业素养的主试老师是忌讳与应试者套近乎的，因为面试中，双方关系过于随便或过于紧张都会影响主试老师的评判。“套近乎”也会在客观上妨碍应试者在短短的面试时间内，做好专业经验与技能的陈述。聪明的应试者可以列举一至两例来赞扬招聘单位，从而表现出你对这家公司的兴趣。

五是长篇大论。虽说面试是在推销自己，不过切勿滔滔不绝、喋喋不休。主试老师最怕应试者长篇大论、无始无终。其实回答问题只需针对重点。相反，有些应试者十分害羞，不懂得把握机会表现自己，无论回答什么问题，答案往往只有一两点，甚至只回答“是”“有”“好”“可以”等，这也是不可取的。如果性格胆小害羞，则应多加练习。

六是不善于打破沉默。面试开始时，应试者不善于打破沉默，而等待主试老师打开话匣。面试中，应试者又出于种种顾虑，不愿主动说话，结果使面试出现冷场。即便能勉强打破沉默，语音语调也极其生硬，使场面更显尴尬。实际上，无论是面试前或面试中，应试者主动致意与交谈，会留给主试老师热情和善于交谈的良好印象。

七是语气词过多。使用太多的如“呢、啦、吧”等语气词或口头禅会把主试老师弄得心烦意乱，这只会让主试老师误以为你自卑，准备不充分。

五、面试结束

1. 察言观色，判断时机

面试的过程中，主试人与被试人双方面对面地观察、交谈，是一种双向的信息沟通过程。主试人通过对被试人的外部行为特征的观察与分析以及对过去行为的考查来评价其素质特征。

同时，被试人也在对主试人进行观察与分析判断，对主试人的个性、爱好、价值观等进行推测，力图使自己的回答和其他表现符合主试老师的要求。面试的过程主要由老师来控制，面试的每个阶段都有其内容上的侧重点，老师的行为也会有一些微妙的变化，应试人应善于察言观色，判断面试的进程，采取相应的灵活措施。

面试临近尾声之前，老师在谈过主要问题之后，可能会提一两个比较尖锐或敏感的问题以便深入、彻底地了解应试人的情况。在此之后，话题的选择可能会非常随意，有一点儿聊天的味道，谈话十分轻松，这就已经标志着面试已经进入了收尾阶段。

在收尾阶段，老师的神情会更为自由放松，目光中“审视”的意味会明显减少，谈话语气会显得更加柔和，等等。老师在提问结束之前，往往要说：“我的问题完了，我想听听你有没有什么问题，如果有，尽管提，我们来一起讨论。”这时可以针对单位和工作本身提一些问题。在此，强调一下，提问一定要谨慎，注意礼节和分寸，不要提问太多，不要让老师因回答你的提问而费力劳神。

要留意老师的各种暗示。如果老师谈笑风生、兴致正浓，你不妨多说几句；如果老师显得疲倦，急于休息一下，你就要尽快结束你的提问，并主动告诉老师你的提问完了。

2. 抓住时机，给老师留下美好的印象

面试过程中，应试人通过各种各样的方式向老师传递了大量信息，但大部分信息可能并不会引起老师的关注，难以给老师留下深刻印象。据有关专家研究表明，能给老师留下深刻印象的往往只是第一印象（首因效应）和最后的整体感觉（近因效应）。由于近因效应的影响，老师对于应试人最后给自己的感觉的记忆是深刻而持久的，因此应试人应努力在最后阶段抓住时机，给老师留下美好的印象是至关重要的。

（1）充满自信地重申自己的任职资格

在面试的收尾阶段，应试人最重要的任务之一就是创造时机、抓住时机重申一下自己的任职资格。

你能否胜任应聘职位的工作任务，是老师最为关注的事情，你应用自己的自信心来感染老师的情绪，使他更加相信你是一个优秀的人选。重申自己的任职资格必须要对应聘职务和职位进行分析，总结出该职务和职位的工作执行人员履行工作职责时应具备的最低资格条件。这些条件一般包括：

一是必备知识。如学历的最低要求，技术技能的最低要求，管理人员应具备的对政策、法令、工作准则及有关规定或文件的通晓程度等。

二是必备经验。必备经验指工作执行人员为完成工作任务所必需的操作能力和实际经验，包括：执行人员过去从事同类工作或相关工作的工龄及成绩，应接受的专门训练及程度，应具备的有关操作规程、工作完成方法等所要求的实际能力。

三是必备操作能力。根据前两项提出的要求，由典型操作所规定的从事该项工作所需的决策能力、创造能力、组织能力、适应性、注意力、判断力、智力以及操作熟练程度。

四是必备的心理素质。即根据工作的特点所确定的工作执行人员的职业性向，包括：体能性向，如耐力、听力、视力、灵巧、手眼配合等方面的能力以及感觉辨别能力等；气质性向，即执行人员应具备的耐心、细心、沉着、勤奋、诚实、主动性、责任感、支配性、掩饰性、情绪稳定性等气质倾向。这类工作分析信息，你可以通过自己对工作的分析判断、专家的意见、招聘广告上要求的条件、面试过程中考官所关心的问题以及你向考官有关工作本身的提问得到的回答等进行综合概括而得到。在工作任职资格信息分析的基础上，你才能有的放矢，把自己描绘成一个优秀的或合格的候选人。

注意语言要概括、简洁、有力，不要拖泥带水、轻重不分。重复的语言虽然有强调的作用，但也可能使老师产生厌烦情绪。因此，你最后重申的内容，应该是浓缩的精华，要突出你与众不同的个性和特长，给老师留下几许难忘的记忆。同时要充分展现你的自信心。身体动作要自然放松、得体适宜，语气要坚定、恳切，态度要谦虚谨慎，给老师留下值得信赖的印象。

（2）坚定、恳切地重申自己的求职意愿

员工的甄选录用一般遵循这样一个原则：工作能力相当的情况下，优先工作动机。因为大部分老师都认为，把工作交给一个特别想得到它的人要比交给一个认为该工作无所谓或厌恶该工作的人要好得多。在学习上我们说过“兴趣是最好的老师”“知之者不如好之者，好之者不如乐之者”之类的话，其实在工作上也是如此。如果把工作交给一个以该职业、职务、职位作为理想和追求，并以其为乐、忘我工作的人，那么对组织和个人都是十分有利的。否则，既不利于个人的发展进步，又会给组织带来损失。没有强烈求职意愿的应试人一旦被录用以后，往往很快就会产生厌倦情绪，想换换口味，因此很快就会流失掉。单位中人员的流失成本很大，这种成本包括历史成本、重置成本和机会成本。其中历史成本包括广告费、甄别费、录用费、培训费（脱产培训和在实际工作中因缺乏经验而损失的效率，以及过大的耗费等）；重置成本意味着要发生与历史成本大致相同的费用；而机会成本有时大得无法估计。有研究表明，求职意愿强的人员，在流动率方面低于求职意愿差的人员，而在工作效率方面，大约比求职意愿差的人员高30%。因此，凡是有经验的老师无一不注重对应试人员求职动机的考查，从而应试者在面试收尾阶段，在恰当的时机坚定、恳切地重申自己的求职意愿就成为十分必要和有益的事了。

应试者向老师表达自己的求职意愿，态度要明朗、坚定、诚恳，语言要有感染力，身体语言要协调配合，坚持以诚动人、以情感人。“精诚所至，金石为开”，幸运女神总是垂青那些诚挚、执着的人们。

（3）配合面试老师，自然地结束面试

有经验的老师十分重视面试结束阶段的自然和流畅，避免给应试者留下某种疑惑、突然的感觉。临近结束，老师一般都会给应试者最后的、充分提问或重申、强调某些信息的机会。

应试人应注意察言观色，判断时机，抓住机会，向老师传达一些重要的、有利的信息，既要尽力表现自己，又要适可而止，见好就收。应试人要全力配合老师，使面试在自然、轻松、愉悦的气氛中结束。

需要指出的是，一定要让面试老师自己结束面试，应试人不要自作聪明而主动提出结束面谈，也不要给老师任何暗示和提醒，不要在老师结束面谈之前表现出浮躁不安，如整理所携带的物品、头发、衣饰等，不要表现出急欲离去或另赴约会的样子。

（4）礼貌地向老师告辞

当老师暗示或明示可以结束面试时，应试人要礼貌地与老师告辞。告辞时一般要面带微笑，并说感谢对方给了自己这次面试机会之类的话。例如："非常感谢你们给了我这次难得的宝贵机会，我会为曾经参加过贵单位的面试而自豪！真心地谢谢你们，再见！"

告辞时应试者还可以说一些向老师们虚心求教的话。例如："非常有幸能与你们谈了这么多，我感觉收获很大，希望今后能有更多的机会向你们求教……"同时，你可以向老师询问与其联系的方法，这时老师如果愿意的话，他可能会送你一张名片。接受名片时，应当恭恭敬敬，双手捧接，并道感谢，这样能够使对方感受到对他的尊重。接过名片后，一定要仔细地看一遍，不懂之处当即请教。有时可以有意地重复一下名片上所列的对方的姓名与职务，以示仰慕。决不要一只手去接别人递上的名片，也不要不看一眼就把它漫不经心地塞入口袋。接过对方的名片后，应该当着对方的面郑重其事地将他的名片放入自己携带的名片盒或名片夹之中，千万不要搞脏或弄皱。收取了对方的名片以后，也应迅速递上自己的名片，若没有则应表示歉意。

告辞前如果老师没有明确告诉你什么时候可以接到面试结果通知，你可以向他提出这个问题。

3. 面试并非局限于考场

当你礼貌地与面试老师告辞，走出考场以后，面试终于结束了。从面试的基本过程来看，这样说是完全正确的。但是，由于面试老师们还未最后做录用决策，没有发出试用通知书或辞谢通知书，面试结果还没有存档，所以说面试招聘的全部工作还没有完全结束。因此，你今后几天的行为仍然可能影响面试的结果。

4. 面试结束后的注意事项

（1）回顾总结

面试结束后，对面试的总结应注意以下几点：

面试一结束，应该对自己面试时遇到的难题进行回顾。重新考虑一下，如果再一次向你提问时，该如何更好地回答这些问题。尽量把你参加面试的所有细节记下来。一定要记下面试时与你交谈的人的名字和职位。

万一通知你落选了，你也应该虚心地向招聘者请教你有哪些欠缺，以便今后改进。这样，就可以知道自己到底为什么落选。一般来说，能得到这样的反馈不容易，你应该好好抓住时机。

（2）致谢

在面试后的一两天内，你可以给某个具体负责人写一封短信。发自内心地感谢他为你所花费的时间和精力，感谢他为你提供的各种信息。

如果在一个星期内，或者依据他们做决策所需的一段合理时间之内没有得到任何音信，你可以给负责人打个电话，问他“是否已经做出决定了？”这个电话可以表示出你的兴趣和热情。还可以从他的口气中听出你是否有希望得到那份工作。

如果在打听情况时觉察出自己有希望中选，但最后决定尚未做出，那你过段时间后再打一次电话催问。

每次打电话后，你还应该发个信息。内容应该包括：一是重申你的优点；二是你对应聘职位仍然十分感兴趣；三是你能为公司的发展做出具体的贡献；四是你希望早日听到公司的回音。

哪怕他们已经暗示你已经落选了，寄一封短信说明你即使没有成功但也很高兴有面试的机会。这样做不仅仅是出于礼貌，而且还能使接见者在其公司出现另一职位空缺时心里想着你，创造出一个潜在的求职机会。

拓展阅读

没有被录用的原因

第一，对岗位认识不清，认可度不高。

第二，专业能力不符合要求。

第三，岗位匹配性不够。

第四，太自以为是。

第五，面试中不够沉稳。

第六，不愿意吃苦或者加班。

第七，缺乏独立能力。

第八，稳定性差。

第九，挑衅考官。

第十，表达不够清楚。

第三节　求职礼仪

一、求职的基本礼仪

求职时的基本礼仪反映了人的修养程度，有礼仪修养的人，给人以有教养、有风度、有魅力的感觉，给人以亲近感、信任感，能使求职面试活动进展顺利，为求职成功打下必需的基础。同时，招聘单位如果招聘了礼仪素质好的人才，能促进工作顺利开展，提高企业的形象，进一步增加企业的影响力和声誉。因为，卓越的经济效益来自卓越的企业，卓越的企业来自卓越的员工。具备良好礼仪素质的员工创造出良好的企业形象，良好的企业形象创造出不断提高的经济效益。

（一）注重仪表，树立美好形象

仪表指的是人的外表，包括容貌、姿态、风度等。形象，为形状相貌之义。一个注重仪表、注重形象的人，是一个热爱生活、富于理想、工作作风严谨的人，既体现了自信、热情、认真、向上的精神风貌，也是讲究礼仪、自尊自爱和对社会、对他人尊重的表现。

1．仪表与第一印象

主考官往往通过仪表来判断毕业生的身份、地位、学识、个性等等，并形成一种特殊的心理定势和情绪定势，这种心理定势和情绪定势就称为“第一印象”，专家指出，一个人对另一个人的印象和观感，在初次见面时的短短几分钟内已经形成，这个“第一印象”无形中左右着主考官的判断。

2．仪表美与社会环境

仪表美是人们交际时造成和谐道德环境的必要因素。在社会生活中，人们的各种活动是在社会中进行的，仪表如何总要对社会产生一定的影响。对自己，它会影响一个人能否健康成长；对他人，它会影响到人格和利益是否得到尊重；对社会，它会影响能否保持正常的社会秩序，造成良好的社会环境。不得体甚至丑陋的仪表，会对社会造成一种“污染”。因此，在人际交往中，在求职活动中应力求仪表端庄。温文尔雅、朴实大方、文质彬彬、不卑不亢、服饰整洁。这样可以创造良好的社会环境，改善人与人相互间的关系；也能使求职面试活动顺利进行，给主考官以美的享受。

3．不注重仪表会扼杀就业机遇

《诗经》曰：“人而无仪，不死何为。”意为人若不讲礼义廉耻，还不如快快死去。在当今社会，一个人不会因为不懂礼仪就被判死刑，但不懂礼仪，不注重仪表，却可能扼杀毕业生的良好形象，扼杀毕业生就业的机遇和在交往中赢得尊重的可能。每年都有不少毕业生奔忙于各地的应届大中专毕业生供需见面会。他们背着行李从一座城市赶到另一座城市参加见面会，往往是风尘仆仆，一身疲惫地应聘，有的人甚至胡子拉碴，衣冠不整，结果，不佳的仪表形象反倒令应聘效果大打折扣。

4. 良好的个人形象是成功的象征

我们处于商品经济高度发展的时代，企业要包装，商品要包装，个人形象也要包装，个人形象反映了你对其他人的态度以及对自身价值的重视程度，反映你的内在素质、创造能力和职业特征。糟糕的个人形象总是令自己吃亏的。

美好的个人形象，是一个人的无形资产。你的形象越好，你就越会自信，更加看重自己的价值，从而工作也更加出色，得到别人敬重的程度也就越高。这一切反过来又会促使你更加注意自我形象。如此良性循环。

（二）常规礼仪

1. 遵时守信

一定要遵时守信，千万别迟到或违约。迟到和违约都是不尊重主考官的一种表现，也是一种不礼貌的行为。

2. 放松心情

许多毕业生一到面试地点就会产生一种恐惧。害怕自己思维紊乱，词不达意，出现差错，以致痛失良机。于是往往会因为紧张而出现心跳加快、面红耳赤、呼吸频率加剧的情况。这时，应让自己先深呼吸一次，然后控制自己的呼吸节奏。平缓，有节奏地一呼一吸，情况就会有所转变。

3. 对接待人员以礼相待

对候试室或面试室门口的接待员要以礼相待，注意细节，恰当地表达礼貌，不要忘记向他多说几声“谢谢”“请你……”之类的客套话。比如接待员如果说：“请你在这里稍等好吗?”你就应该回答：“好，我很乐意这么做。”有人端茶给自己，应起立用双手接，并向人道谢。在等候面试期间，应端坐在人家指定的地方，不可到处走动，东张西望，表现出焦急不耐。越是坐等得久，越要注意，也许招聘者正在考查毕业生有无耐性。如果有人来请你进去面试时，也要致谢。

4. 关于手机

见面时，自觉将手机拨到震动或关掉。

5. 入室时先敲门

如被传召，在入面试室时应先敲门。即使面试房间的门是虚掩的，也应敲门，千万别冒冒失失推门就进，给人鲁莽、无礼的印象。敲门时要注意敲门声的大小和敲门的速率。正确的是用右手的手指关节轻轻地敲三响，问一声：“可以进来吗?”待到允许后再轻轻推门而进。进入考场后，转身静静地把门关好，动作轻便，尽量不发出声音。

6. 相逢开口笑

“相逢开口笑”是一种常用的见面体态语。毕业生在踏入面试室，与主考官四目交投之时，便应面露微笑，用和颜悦色来与对方见面。如果有多位考官，应环视一下，面带微笑，以眼神向所有的人致意。毕业生与主考官相识之后，便要稍微收敛笑容，集中精神，平静的面容有助于你达到目的，千万别不停地笑下去，别人以为你有毛病，或不认真对待面试。

7. 招呼问好

毕业生应主动地微笑着向主考官点头，打招呼，礼貌地问候：“您好!”或“大家好!”如果你一入室，便听到主考官亲切、热情地问候“你好”或“很高兴见到你”等，则应该视情况礼貌回应

8. 别贸然握手

进到面试室，行握手之礼，应是主考官先伸手，然后你单手相迎，右手热情相握。若你拒绝或忽视了主考官伸过来的手，则是你的失礼。若非主考官主动先伸手，你切勿贸然伸手与对方握手，这是基本的礼仪。

9. “请”才入座

进入面试室不要自己坐下，要等主考官请你就坐时再入座。对方叫你入座，应表示谢意，并坐在主考官指定的椅子上。

10. 递物大方得体

带上个人简历、证件、推荐信等必要的求职资料，见面时，一定要保证不用翻找就能迅速取出所需资料。如果要送上这些资料，应双手奉上，表现得大方和谦逊。

（三）自我介绍的礼仪

在求职面试过程中，假如对方没有收到毕业生的求职资料，那么，一见面，主考官会首先让毕业生来个自我介绍。只有通过自我介绍，才能让主考官建立起印象，继而达到让主考官了解并接受毕业生的目的。如果你学业再好，工作经验更丰富，特长再多，动手能力再强，但在自我介绍时，“茶壶里煮饺子——有货倒不出”，也必将使用人单位对你的印象大打折扣，继而怀疑你的实际能力，从而失去了竞争优势。可见自我介绍是求职面试中相互了解的基本方式，毕业生在作自我介绍时，应注意自我介绍的礼仪。

1. 自信大方

自我介绍时要充满自信，落落大方，态度诚恳。只有自信的人才能使他人另眼相看，才能有魅力并使人产生信赖的好感，如果流露出羞怯心理，则削弱对方的信任感。

有个毕业生自我介绍道：“俗话说‘胆小不得将军做’，对此，我却不敢苟同，有

例为证：汉代韩信为渡过险境，忍了街上小人的胯下之辱，可谓胆小，但是最终却成了将军。本人素以胆小著称，却偏有鸿鹄之志，故斗胆前来应聘，我自信能够胜任酒店的这份工作。”言辞之间，充分展现了毕业生的聪慧与自信，有一定的吸引力。

2. 表述要富有幽默感

自我介绍中，适时融入幽默的语句，易于赢得欢笑与好感，诙谐的真话笑话，比庄重严肃的表白更深入人心。有一毕业生自我介绍时说：“我姓江。”有主考官问道：“江青的江?”这位毕业生幽默地说：“不，不是江青的江，是江泽民的江。”一来一往，幽默引起了大家哈哈大笑，从而留下深了印象。

3. 注意自谦

神态洋洋得意，目光咄咄逼人，大有不可一世的气势，这种态度自我介绍不过是孤芳自赏，只能给人留下骄傲自大的印象。正确的方法是在说“我”字时语气平和，目光亲切，神态自然，才能从“我”字中让人感受到你的自信、自立、自尊而又自谦的美好形象。

4. 内容要有针对性

毕业生自我介绍的目的是让主考官对自己有充分的了解和认识，从而判别是否胜任应聘岗位。因此，毕业生必须针对应聘岗位有针对性地重点介绍相关的学历、经历、能力及个性特征，而且要言之有物，切忌用鉴定式的语言、大而空的套话来勾画自己，切忌有自我炫耀之嫌。

5. 缺点要点到为止

毕业生自我介绍主要是展示自身优势，从而赢得主考官的好感、信任与支持。如果缺点毛病介绍得过多，容易导致求职失败。

一位毕业生在介绍自己的缺点时说：“本人少言寡语，性情古板，不擅交际，协调能力差，有惰性，谨小慎微，缺少开拓创新意识，难以开展工作。”如此缺点十足，这也不行，那也做不好，那还要你干什么？结果可想而知。

而有的毕业生在自述了优势之后言明：“我深知自己还有不适合这份工作的另一面，但是有在座各位的支持和同事们的配合，我有信心做好工作。”言简意赅，既承认有不足，又含而不露，恰到好处，点到为止，毫无自我贬低之意。

6. 举止庄重

举止要庄重，姿势端正大方。介绍时可将右手放在自己的左胸上，不要用手指指着自己。表情应亲切自然，眼睛应看着对方，不要显得不知所措、慌慌张张、面红耳赤，更不能表现出一副随随便便、满不在乎的样子。

7. 准备充分

求职前应把自我介绍的讲稿写好，背得滚瓜烂熟，转化为自己的知识。在求职面试前如果你感到紧张，就可事先在镜子前作一些练习，或请同学、家人、朋友指正，通过彩排来提高自我介绍的技巧。

（四）仪容礼仪

仪容主要指一个人的容貌，包括身体、头发、面部、手部及个人卫生等方面。每个人都应该了解一些仪容修饰的基本常识。求职时要讲究仪容清洁，这是人与人顺利交往，并获得求职成功的必要条件。

1．仪容清洁

（1）身体清洁

面试时，毕业生和主考官的距离一般不会很远，如果你身上散发出汗臭味，主考官闻到了肯定会厌恶，这就会影响面试效果。因此，面试前一定要洗个澡、换上干净衣服和鞋袜，保持体味清新，这样也可以使你更加精神抖擞。另外，可以在身上适度地喷些香水，香水既可驱散其他气味，又可沁人心脾，醒脑提神。

（2）脸部清洁

脸是人体经常外露的部分，脸是每个人对外的“窗口”。主考官在观察的同时，不仅看到脸蛋和高耸的鼻子，还能观察出毕业生脸部的卫生状况。因而，毕业生在面试前要清洗掉脸蛋上的污垢和汗渍，否则主考官一定会毫不留情地扣分，因为这很难与专业、严肃、认真的工作形象相联系。

（3）口腔清洁

面试前不要吃洋葱、大蒜、韭菜等带有强烈异味的食物，也不要抽烟饮酒，以免口腔的异味，引起主考官的反感。应多注意口腔卫生，必要时，可以用嚼口香糖来减少口腔异味。不过应提醒的是，在主考官面前边说话边嚼口香糖是不礼貌的，应该避免。

（4）鼻子的清洁

鼻子是面部最突出的部分，居于五官中心部位，对整个面部的形象起着不可忽视的作用。如鼻毛过长、过旺，甚至长到鼻孔外面，看上去不够整洁，这些都会有碍美观，影响“面容”。另外，不要在人前用手挖鼻孔，这样既不文明，也不卫生。

（5）头发清洁

头发要干净，不要密布头皮屑，不要有异味，特别是夏季出汗较多，头发上散发着馊味是不文明的，应及时洗发。女同学如果要烫发，最好提早在面试前一个星期左右做，以免带着浓烈的烫发药水味。

（6）手的清洁

手也是能显露人体高雅尺度的器官。手部的美经常体现在手的外形、指甲的外形、皮肤的状况等方面。手是你参加社交活动的一个组成部分，在人的仪表中，手占重要的位置，同时也是求职礼仪中仪容仪表美不可忽视的一个方面。要保持指甲清洁，微呈弧形，呈现粉红色。指甲要及时修剪整齐，不留长指甲，不对指甲过于修饰。涂指甲油时应考虑指甲油的色彩与你所穿服饰、化妆、风格，职业场合的协调。清洁的双手能给人以美感，能增添主考官对你的好感。

（7）胡须的清洁

我国当代风俗习惯是，男子如果不是老人或职业上的特殊需要，一般不蓄胡须。男子求职面试时要把脸刮干净，使其容光焕发，充满活力。当今有些年轻人，盲目留长发、蓄胡须，认为这才能显示出男子汉风流倜傥的雄姿，其实乱蓄胡须留给人的印象恰好相反，只是怪异。

2．克服面部不良习惯性小动作

（1）皱眉

本来舒展的眉目，却有事无事、大事小事都皱着眉头。

（2）眯眼

有些爱俏的年轻人，往往眼睛近视也不愿配戴眼镜。由于近视，看东西时眼肌紧张，便不由自主地眯起眼睛来。

（3）咬唇

有的年轻女子生气的时候，喜欢紧咬下唇，似乎显得纯真可爱。其实，咬唇的习惯是不好的。

（4）咬物

有些人有咬物的习惯。专心学习时咬笔杆，无尽遐想时咬手指，害羞时咬手绢等。咬物是一种不良习惯，不但不卫生，时间长了，也会影响牙齿的美观。

（5）做怪脸

撇嘴、歪脸、挤眉弄眼等小动作，虽然可以反映出一定的内心情绪，但如果形成习惯，就会使经常扭曲的部位产生固定的皱纹。长此以往，使面部表情变得不甚雅观。

（6）挖鼻

一些人习惯于经常挖鼻孔，这样会掉鼻毛，损伤鼻黏膜，不能有效地阻挡尘埃进入，也容易形成溃疡，而且久而久之，易使鼻孔扩大，甚至朝天，使本来挺端正的鼻子，在不经意中变得难看。

（五）服饰礼仪

1．穿衣不得随便

因为人具有社会属性，只有重视别人，才会花心思在衣着方面。一位刚踏出校门的毕业生穿着休闲衫和牛仔裤去参加某公司的就业考试，他认为这身装扮一定会给主考官留下一个充满活力的可用之才的印象，但却没有注意应有的社会常识，就自然地被淘汰了。因为就公司方面来说，服装可说是衡量一名毕业生有无社会常识及礼貌的先决标准。对于刚刚踏入社会的毕业生来说，必须先学习社会礼仪，才能增加被录取的机会。

2. 穿着力求舒适

穿着在得体之余，还要力求舒适，包括精神上和肉体上的舒适。舒适与否是求职成败的重要因素。再也没有比发现身上穿的裙子一坐下就合不拢，或裤腰裙头太紧，或高领的上衣令你汗流浃背更糟的事了。穿得舒适，是精神上舒适的保证。不宜穿刚买的新衣服，那样会使你觉得不自然。

3. 着装是心理反应

好的着装效果能带给你好的心情，有了好的心情，也就有了生活的自信，谈吐、举止才会落落大方，才能展示你内在的气质美。内在美与着装美相得益彰的美才是完整的美，有助于你面试的顺利与成功。

（六）举止仪态

举止仪态是指人的表情、姿态和动作，是一种无声的语言。它自然流露了一个人的气质风度、礼貌修养和所要传达的信息，是一个人品质、知识、能力等内在因素的外在反映。

表情是人体语言最为丰富的部分，是人的内心情绪的流露，人的喜、怒、哀、乐可通过表情来体现和反映。表情类型有面部表情、声音表情、身段表情三种，其中最主要的是面部表情。同学们在面试时必须加以重视。

二、告别礼仪

（一）小心处理薪金问题

薪金问题是单位吸引人才的重要手段，也是毕业生的追求目的之一。因此，薪金问题，是正式录用前应试者必须向用人单位明确的问题。假如薪金谈不拢，可以投向其他同业，以免为将来工作留下矛盾的伏笔，既浪费了时间，又可能错失其他良机。

（二）主动告辞

当双方的意愿都表达得差不多时，毕业生听到主考官说“今天就谈到这里”“你的情况我们已经了解了。你知道，在做出最后决定之前，我们还要面试几位申请人。”“我很感谢你对我们公司这项工作的关注”“谢谢你对我们招聘工作的关心。我们一旦做出决定，就会立即通知你”等话语，你就可以主动礼貌告辞。

（三）告辞的礼貌

1. 如果被录用也不用过分惊喜，应向主考官表示感谢，希望今后合作愉快。

2. 若结果未知，则应再次强调你对应聘工作的热情，并感谢对方抽时间与你交谈。

3. 表示与主考官们的交谈受益匪浅，并希望今后能有机会再次得到对方进一步的指导，有可能的话，可约定下次见面的时间。

4. 戒言词过分。不要使用“拜托你啦”“请多关照”这些词句，以免使对方感到你实力不足。不要低三下四，“愿意做您忠实的奴仆”，令人听起来恶心，给人的印象是居心不良。

5. 失聘不失态。即使在求职无望的情况下，也应及时结束谈话，而不应申辩理由，强行“推销”自己。最后，都应面带微笑，感谢考官花时间与你面谈，光荣撤退，这样才真正不失体面。

总之，应聘活动是一个双向选择的活动，很难说一定能成功。毕业生要把求职面试看作是锻炼能力和意志的舞台，胜不骄，败不馁。

（四）告别时可以主动与考官握手

1. 注意握手的先后次序

握手的先后次序，是根据握手人双方所处的社会地位、身份、性别和条件来确定的。其基本原则是：上级在先，长辈在先，女士在先。若你要与多人握手，最有礼貌的顺序是：先上级，后下级；先长辈，后晚辈；先女士，后男士。也可按座位的先后顺序，从左到右或从右到左。

2. 握手时的注意事项

（1）在面试室内不能戴着帽子和手套与人握手。

（2）握手时不能精神不集中，四处顾盼，心不在焉。

（3）忌长时间不放手，周围还有其他考官，而你只顾与一人握手，忽视或冷淡其他人。

（4）不要交叉握手。当两人互握手时，从别人两手之上，伸手与对面的人握手，这是十分失礼的。

（5）忌敷衍了事，漫不经心地应酬对方。

（6）如果主考官主动伸出手与你握别，你自己出手时应快，不应慢慢腾腾。

（7）握手后用手帕擦手，也是失礼行为。

（8）不能一只手插在口袋里，另一只手与人握手；也不可点头哈腰与人握手。

（9）男士与女士握手，时间要短些，用力要轻些，不要拉住对方忘了松手或用劲来显示自己的热情。

（10）与数位考官握手时，握手时间大体相同，不要厚此薄彼，不可用双手与对方握手，以免显得过分热情，让人不敢恭维。

（11）握手时，应显得大方、得体。

总之，如果毕业生在求职及面试活动中注意以上礼仪，这就为你求职的成功创造了必要的条件，也可以说是你走上成功之路的开始。

知识链接

求职礼仪自我检视清单

1. 求职面试前的礼仪

· 头发干净、自然，如要染发则注意颜色和发型不可太标新立异。

· 服饰大方、整齐且合身，男女皆以时尚大方的套服为宜。

· 面试前一天修剪指甲，忌涂指甲油。

· 不要佩戴标新立异的装饰物。

· 选择平时习惯穿的皮鞋，出门前一定要清洁擦拭。

2. 求职面试过程的礼仪

· 任何情况下都要注意进房间先敲门。

· 待人态度从容，有礼貌。

· 眼睛平视，面带微笑。

· 说话清晰，音量适中。

· 神情专注，切忌边说话边整理头发。

· 手势不宜过多，需要时可适度配合。

· 进入面试房间前，可以嚼一片口香糖，消除口气，以缓解紧张的情绪。

3. 求职面试结束时的礼仪

· 礼貌地与面试官握手并致谢。

· 轻声起立并将座椅轻轻推至原位。

· 出公司大门时对接待小姐表示感谢。

· 24 小时之内发出书面感谢信。

职场故事

陈珍是某高等职业院校文秘专业的毕业生。毕业前夕，陈珍与同班同学，也是最要好的朋友王琳去同一家单位面试。当时考官对她俩都很满意，要回去商量一下，再给通知。可是，一周之后还是杳无音信。两个女孩子都很着急。王琳说："这个公司也太不负责任了，无论是否同意录取都应打个电话告诉一声啊，难怪是小公司。眼看就要毕业了，我不想再等了。"于是王琳开始去别的公司应聘了。陈珍此刻也很动摇，但又不想放弃。于是，她决定通过邮件给主考官写一封感谢信，顺便询问一下情况。

意想不到的事情发生了。第二天，陈珍接到了人力资源经理的录用电话，她如愿以偿地得到了这份工作。在该公司工作很久之后，一次偶然的机会，陈珍询问当时的那个考官："当时您是怎样选中我的呢？"考官笑着答道："当时几个女孩都很优秀，你也很有实力，最重要的是，你是唯一写感谢信的人。"

第四节　求职过程中的心理调适

李晶是某高职院校即将毕业的大学生。开始找工作之际，她跑了很多单位，都没有收获，尤其是在毕业前的一次大型人才招聘会上，李晶递交了很多份个人简历，都石沉大海。转眼间就要毕业了，李晶的工作还是没有着落。她身边的同学，不是升入本科就是已经找到工作，有些同学甚至还拿到了好几个单位的录用通知书。随着毕业的时间越来越近，她感到异常烦躁、焦虑，食欲也随之下降；甚至开始怀疑自己大学三年所有的努力是否值得，觉得对不起家里的父母和学校的老师，感觉自己很没用。

李晶出现这种情况就是因为暂时没有找到工作而产生了自卑心理。她不能正确地认识自己，尤其是和周围的同学比较后，产生了焦虑情绪，并且开始影响日常生活。

中国有很多家长在孩子备战高考的时候都会说："孩子，只要你考上了理想的大学，以后的人生道路就一帆风顺了。"可是，就算考上了不错的大学，到了毕业求职的时候，压力往往比当初高考的时候更大。严峻的就业形势，父母的期盼，同学之间的攀比，用人单位的歧视……一连串的因素汇聚成一股合力，一次又一次地考验着大学生们的心理防线。从某种意义上来说，求职与其说是一场技术战，倒不如说是一场心理战。要想从这个战场上凯旋，最重要的武器就是一颗足够强大的心脏，以此去承受一次又一次的失败，去面对来自四面八方的嘲讽、歧视和冷漠。

一、影响求职成功的因素

很多毕业生在求职过程中总会产生许多困惑，为什么我学习成绩很优秀却始终找不到好工作？为什么面试时自我感觉良好却未被录用呢？下面我们列举几个常见的影响求职成功的原因供大家参考。

1. 个人定位过高

这是一个非常普遍的现象，很多毕业生都不能对自己专业知识的掌握程度或工作能力大小有一个准确的定位，往往是眼高手低，高不成低不就，造成面试时屡屡碰壁，弄得自己越来越沮丧。

2. 表达能力差

一个有经验的 HR 在面试你的几分钟内就能大概判断你的综合状态，通过面试过程中你的自我介绍，以及问的几个简单小问题的回答就可看出你是否对未来有个清晰的规划。很多求职者往往顾左右而言他，回答问题思路凌乱，甚至出现冷场，这会给 HR 留下很不好的印象。

3. 不注重形象

参加重要场合，良好的着装是对他人起码的尊重，有些求职者在这方面就做得有些随意了，胡子拉碴，穿个大裤衩就参加面试了，跟逛菜市场似的，其面试结果可想而知了。

4. 行业差距大

俗话说隔行如隔山，一个行业从产生到发展壮大都经历了几代人的努力，凝结了许多人的智慧，如果你没有其他行业基本的知识和技术，怕是很难被单位录用，当然你如果对其他行业感兴趣，可以对该行业有个深入的学习，等有了一定的知识技能储备再来也不迟。

5. 求职渠道窄

要知道工作不会主动找上门的，对于求职一定要广开渠道，多处打听，不要仅限于在网上投几份简历就坐等机会来，多看电视或报纸上的求职信息，多参加现场招聘会，相信天道酬勤。

6. 季节因素

世上万物生长都讲究个季节性，求职也是如此，每年的2～3月份或6～8是求职的旺季，求职者在这些时间段应更加努力的尝试。在其他时间段用人单位招聘活动零零星星，难遇到合适的职位也就在情理之中了。

二、大学生求职择业的心理误区

梳理、分析大学生求职就业时常出现的心理问题，可以帮助广大高校毕业生更好地为就业做好心理准备，以便遇到问题时能够及时进行心理调适。

（一）期望过高

近年来由于受多种因素的影响和干扰，择业期望值过高是高校毕业生普遍的心态。90%以上的高校毕业生希望选择效益好、工资高的单位；更多的毕业生想要到发达的大城市工作。这说明高校毕业生对自身在社会中的定位没有正确的认识和分析。在进行个人社会定位时，必须认真考虑自身的知识和能力水平、专业的社会适应性、自身的个性特征等各种综合因素。

（二）焦虑恐惧

主要表现为：一方面渴望自己尽快走上社会，谋求到适合自己的理想职业；另一方面又患得患失，不愿意走出校门，对走上社会感到恐惧。高校毕业生的就业忧虑和恐惧心理是由于意识到就业的客观形势与自我主观推断的矛盾而产生的心理体验。

（三）消极自卑

自卑感强的学生最主要的问题是，对自己的个性特点缺乏准确、客观的了解，因而缺乏自信心，求职时很容易产生消极心理。面对改革的浪潮和人才市场激烈的竞争，涉世未深的大学生产生自卑心理是正常的，也是比较普遍的。产生自卑感的原因有很多，有生理的、环境的、家庭的或社会的原因，但主要还是由心理因素造成的。比如，在择业中自己总是拿不定主意，过分退缩，对自己能胜任的工作，也不敢说“行”，总说“试试看”，显得很不自信。

（四）盲目从众

部分高校毕业生不能客观地分析社会的需要，对自己的职业能力缺乏信心，在求职就业时产生随波逐流的盲从心理。在求职过程中，自觉或不自觉地服从多数人的意向，使个体的认知、兴趣、动机和行为趋向等与群体保持一致，心理学中称之为从众心理。如多数人认为这种职业好，自己也跟着认为这种职业好；多数人对某单位感兴趣，自己也随之对该单位感兴趣；多数人把经济收入作为择业标准，自己也过多考虑工资待遇等。对这种现象通俗的解释就是“人云亦云”“随大流”。

（五）思维定式

不少高校毕业生择业时希望一步到位，存在就业必须“专业对口”或者工作必须是“铁饭碗”这样的思维定式。然而只有在工作的过程中才能找到最能发挥自己特长的岗位。因此，“先就业，后择业”能让毕业生在工作过程中逐渐找准自己的职业生涯发展方向，不必计较跨出校门的第一个台阶有多高。因为很多毕业生没有社会经验，对自己喜欢什么样的工作和岗位都不清楚，要找一份理想的工作是有一定难度的。思维定式束缚毕业生的择业范围，导致择业时顾虑重重，思前想后，谨慎过头，不敢冒险，缺乏风险意识和风险承受力，妨碍了自我推销的有效展开。

（六）虚荣攀高

有的高校毕业生受社会上功利主义思想的影响，择业时名利心过重，缺乏对自我的客观评价，不考虑新形势下用人单位对毕业生专业、能力、层次等方面的要求，盲目追求起点高、薪水高、职位高的工作岗位。

（七）过分依赖

一些高校毕业生缺乏独立意识，就业时存在过分依赖的心理。一是过分依赖学校，观念还停留在当初的统招统分上，不主动寻找工作单位，等着学校给他们介绍工作单位。二是过分依赖家人和亲友，面试需要父母、朋友陪同，否则信心不足。

（八）法律意识淡薄

在选择用人单位的过程中，部分高校毕业生抱着“骑驴找马”的心理，即不管用人单位的好坏，先签约再说，然后再继续接受其他单位的挑选，一旦有更理想的工作岗位就毁约。有的毕业生虽然在签订协议时是真心诚意的，一旦能找到更好的单位又欲毁掉先前已签好的协议，法律意识淡薄，在求职过程中不懂得运用法律手段来维护自己的合法权益。

课堂活动

活动目的：更加深入地了解求职过程中可能出现的心理问题，做好求职心理准备。

活动内容：

（1）根据以下材料，进行讨论。

A 同学：他成绩比不上我，参加的活动也没我多，居然签到一个好单位，我一定不能比他差！

B 同学：找工作靠实力，外表根本不重要。

C 同学：给三四个单位投了简历都没有回音，唉，被打击了，不想找工作了。

请分别对以上三位同学的就业心理做出评判。

（2）想一想自己在求职择业过程中可能会出现哪些心理问题，并与同学进行交流讨论，寻找解决方法。

活动检测：活动结束后，教师可根据表 4－1 进行评分。

表 4－1　探索活动评价表

评分标准	分值	实际得分	备注
积极参与讨论	25		
能够对所给材料中三位同学的就业心理做出准确评判	25		
能够根据自身实际情况找出自己在求职择业中可能出现的心理问题	25		
能够针对自己在求职择业中可能出现的心理问题，找出合理的解决方法	25		
总分	100		

三、大学生求职心理调适

（一）求职心理调整策略

职业选择是每位高校毕业生面临的一次重要抉择，社会的变革、就业制度的改革，为即将走向社会的大学生提供机遇的同时，也提出了严峻的挑战。因此，要使自己在择业竞争中处于良好的“竞技状态”，充分发挥自己的主观能动性，自如地应对择业中遇到的各种问题，就必须保持良好的就业心态。

1．更新就业观念，正视社会现实

尽管我国目前的经济、教育结构仍存在不合理的现象，社会为大学生提供的工作岗位不可能令每一个人都满意，但随着毕业生就业制度的改革，大学生职业选择的机会也在增加。因此，大学生必须从实际出发，更新就业观念，正视社会现实。毕业生的眼光不能仅停留在用人单位的待遇方面，还应该结合自身特点，考虑用人单位是否具备发挥个人潜能的空间。正视社会现实是大学生求职阶段必备的健康心态之一。

2．积极参与竞争，坦然面对挫折

双向选择的就业制度为高校毕业生和用人单位提供了双向选择的机会。因此，大学生应珍惜机遇，积极参与竞争，在竞争中寻找自己的位置，实现职业理想。在竞争日益激烈的今天，优胜劣汰早已被引入了职场，求职失败、遭遇挫折也是正常的事情。因此，对于职场上的得失，要以平常心对待，理性看待失败。面对求职过程中的挫折和困难，高校毕业生应该冷静分析，做到能屈能伸，学会化解求职的心理压力，以积极的态度面对求职中的挫折。

3．克服依赖心理，实现真正自立

目前的高校毕业生大多都是独生子女，在父母无微不至的关爱下成长，父母常常会解决其生活中的一切困难。因为缺少应对挫折的历练，大学生在毕业前大多仍在依赖父母、老师的帮助，没有实现真正意义上的自立。因此，有些大学生在择业过程中缺乏自信，把希望寄托在“拉关系”“走后门”上；有的毕业生甚至是由家长出面与用人单位洽谈就业事宜。实际上，毕业生应该意识到现实社会是一个竞争激烈的社会，是一个需要每个社会成员积极参与竞争的社会，应该充分认识到自己才是求职的主体，要发挥自身的积极主动性，树立起强烈的主体意识。

（二）心理调适方法

平衡身心和拥有良好就业心态是求职就业制胜的法宝。增强自信心、培养意志力、提高抗挫折能力和调整就业心态是实现求职就业目标、维护身心健康的前提和保障。所谓自我心理调适，就是根据自己的发展及环境的需要对自己的心理进行控制调节，从而最大限度地发挥个人的潜力，维护心理平衡，消除心理困扰。高校毕业生学会自我心理调适，能够在就业遇到困难、挫折和心理冲突时，进行自我调节和控制，解决问题，排除困扰，改善心境，寻找最佳途径实现自己的就业目标。

1．自我激励法

自我激励主要指用生活中的哲理、榜样的事迹或明智的思想观念来激励自己，同各种不良情绪做斗争，坚信未来是美好的，因为失败、挫折已经成为过去，要勇敢地面对下一次机会，尽可能地把不可预料的事当成预料之中的，即使遇到意外事件或就业受挫，也要鼓励自己不要冲动、急躁，而应开动脑筋、冷静思考、寻找对策。大学生在就业过程中，要相信自己的实力，通过自我激励，增强自信心，消除自卑感，保持良好的情绪和心态。

2. 注意力转移法

注意力转移法即把注意力从消极情绪转移到积极情绪上，当不良情绪出现时，可以采用转移注意力的方法激活新的兴奋中心，以抵消或冲淡原来的兴奋中心，使不良情绪逐渐消失。例如，听听音乐，参加体育运动，到大自然中放松，参加有兴趣的活动等，使自己没有时间沉浸在因各种原因引起的不良情绪中，以求得情绪平稳。

3. 适度宣泄法

当遇到各种矛盾冲突引发不良情绪时，应尽早进行调整或适度宣泄，使压抑的心境得到缓解和改善。较好的宣泄方法是向挚友、师长倾诉自己的忧愁、苦闷，使不良情绪得到疏导。在倾诉烦恼的过程中，可以获得更多的情感支持和理解，获得认识和解决问题的新思路，增强克服困难的信心。也可以通过打球、爬山等运动量较大的活动，消除压抑心理，恢复心理平衡，但应注意场合、身份、气氛，注意适度，宣泄应是无破坏性的。

4. 自我安慰法

自我安慰法又称自我慰藉法，关键是自我忍耐。在就业过程中，大学生常常会遇到挫折，当经过主观努力仍无法改变时，可适当地进行自我安慰，以缓解内心的矛盾冲突，消除焦虑、抑郁、烦恼和失望情绪，这样有助于保持心理平衡。在遭受挫折时，可用“亡羊补牢，犹未为晚”“塞翁失马，焉知非福”等话语来自我安慰，解脱烦恼。总之，在就业的过程中要保持平常心，排除诸如不满、愤懑、妒忌、焦虑、恐惧等负面情绪对正常思维、决策的干扰。

5. 合理情绪疗法

人们的情绪困扰是由于不正确的认知即非理性信念所造成的。因此，通过认知纠正，以合理的思维方式代替不合理的思维方式，就可以最大限度地减少不合理的思维给人们情绪带来的不良影响。

总之，在择业求职过程中，高校毕业生应提高自我调适的自觉性，通过自身的努力使自己保持一种良好的心态。同时，社会、学校和家庭各方面也应提供热忱的关注和积极的引导，帮助他们面对现实，排除心理困扰，缓解不必要的心理压力，顺利走向工作岗位。

拓展阅读

缓解求职紧张心理的方法有很多，比如：

（1）在镜子前，能看到身体的全部，以便观察自己的举动和变化。

（2）笔直站立，后跟靠拢，收腹、挺胸、昂首，再做三四次深呼吸，直到对自己的能力和决心有了一种感受。

（3）凝视自己的眼睛深处，告诉自己会得到所要的东西，并大声说出它的名字。每天至少早晚各做一次。

（4）给自己良好的心理暗示。成功者都是自信的人，越成功的人越自信。当你在镜子前站好后，就反复对自己说："我会获得巨大成功的!"

（5）凝神定势训练。与人交谈时要正视对方，通过眼神来提升自信。

思政之窗

助力毕业生就业创业

为促进高校毕业生更加充分更高质量就业，2021 年底，教育部启动实施"中央专项彩票公益金宏志助航计划——全国高校毕业生就业能力培训项目"，贵州大学通过遴选成为全国高校毕业生就业能力培训基地，并于 2021 年底至 2022 年初开展了首期"宏志助航计划"培训，为应届毕业生就业创业积蓄力量、提升能力。

据悉，"宏志助航计划"贵州大学基地开设了求职分析与优势识别及探索求职方向与决策、就业信息搜集与管理、建立求职网络、求职简历撰写、群体面试与领导力提升、求职计划制定与进程管理、求职心态调节与行动促进、个体面试与表达能力、自荐信撰写与书面沟通能力提升等专题课程。通过将以往发放求职补贴、提供岗位信息等"被动接收型"就业帮扶，转变为提升毕业生就业能力，从"授人以鱼"转变为"授人以渔"，让学员们在专题课程、优质企业参观、资深 HR 报告会、优秀校友报告会中提升就业竞争能力。

培训学员、数学与统计学院学生杨冲冲目前已完成"贵州省 2022 年定向部分重点高校选调优秀毕业生"项目的签约。"宏志助航计划是党中央对我们高校毕业生的关心和呵护，在这里我收获到了很多就业技能干货。"他告诉记者，通过课堂上的交流和分享，能够了解到大家不同的求职碰壁经历，再加上老师的专业分析，这种切实的经验分享能够帮助大家今后顺利求职。

据了解，目前参训的 450 名学员已陆续找到心仪的工作。贵州大学招生就业处相关负责人表示，"宏志助航计划"贵州大学基地将持续举办专场招聘会、就业育人主题教育等活动，通过分类精准指导、分步准确施策，帮助“宏志助航计划”的参训毕业生实现更加充分更高质量就业。

（资料来源：《贵州日报》，2022年04月07日）

思考与训练

1．案例分析

某网络公司招聘软件技术人员，条件是名牌大学计算机专业本科毕业生。甲和乙都是某市属高等职业院校经济类专业的学生，他们都看到了这一招聘信息，不同的是，乙觉得自己条件不够，没放在心上。而甲平时爱好广泛，在学好本专业之余，还辅修了计算机专业，通过了微软认证，并积极参加学校的课外科技活动，具有较强的实际动手能力。当他看到这一招聘信息后，进行了冷静的自我分析，然后勇敢地敲开了公司人力资源办公室的门。开始招聘人员一看甲的学历没有达到本科，又不是学习计算机专业的，就想婉言拒绝。可看过他的简历和证书后，他们改变了主意，因为甲丰富的实践经验充分反映了他的实力。于是招聘人员专门向总经理做了汇报，请求特聘该学生。总经理了解情况后，特批予以录用，并给予甲与本科生一样的待遇。

（1）甲、乙两位学生的区别在哪里?

（2）请结合以上两名同学的经历和自身特点，分析自己的职业素质在哪些方面还需要提升，如何提升。

2．探讨回答

（1）你认为面试考官主要依据什么来决定是否录用应聘者?

（2）现在有些毕业生为了求职，不惜花大价钱进行整容，对此你怎么看?

3．课后反思

（1）面试前要做好哪些准备?

（2）结合你自身情况，你认为自己面试时应特别注意哪些问题?

4．实际操作

同学之间分角色，几个人当主考官，另外几个人当应聘者，模拟面试现场。

政策篇——流程法规

第五章　毕业管理与就业流程

学习目标

1. 了解高校毕业生就业程序。
2. 了解就业协议签订程序和注意事项。
3. 掌握劳动合同的相关知识。

案例导入

经过面试、口试、笔试后，某食品有限公司决定招用某高校毕业生小陈。公司人力资源部负责人对小陈说："按照公司的规定，凡是新招用的职工要先签订三个月的试用合同，试用合同中约定每月工资4000元，待试用合格以后再按劳动合同法的规定与员工签订正式的劳动合同，每月工资5000元。"小陈提出签订一年期的劳动合同，公司人力资源部负责人说："只能签订试用合同，试用合格后才能签订劳动合同。"

公司的做法对吗？如果你是小陈，该如何处理这件事情？

第一节　高校毕业生就业程序

就业签约和入职报到是每个高校毕业生都将面对的问题，详细了解就业工作的环节和基本程序，有利于高校毕业生顺利办理各项就业手续。

一、毕业生就业工作流程

毕业生就业工作按照以下流程进行：

（1）毕业生到所在院（系）领取《普通高等学校毕业生就业推荐表》（以下简称

就业推荐表）及《全国普通高等学校就业协议书》（以下简称就业协议书）和《高等学校毕业生登记表》。

（2）填写上述三张表格，并签署院（系）、学校推荐意见。

（3）联系就业单位，通过双向选择达成就业意向。

（4）毕业生、用人单位签署毕业生就业协议书（一式四份），交院（系）盖章，学校审核、签署意见并盖章；学校将其列入就业方案。

（5）学校就业办制订全校就业方案，并上报主管部门，集中办理报到证。

（6）毕业生到指定医院体检，通过毕业资格审查，领取毕业证。

（7）办理离校手续。领取报到证、户口迁移证，办理党团组织关系迁移手续。

（8）学校寄送毕业生档案。

（9）毕业生凭报到证、毕业证等在指定时间内到用人单位报到，办理完成党团组织关系和户口迁移手续。

（10）与用人单位签订劳动合同。

二、户口、档案、组织关系的办理

1. 户口的办理

（1）高校毕业生可根据就业协议书将户口迁至就业单位或单位主管部门。其户口由毕业生学校所在地户籍部门依据学校就业部门提供的派遣方案统一办理迁移手续，由毕业生自己携带户口迁移证，到接收单位办理转入手续。

（2）委培、定向生的户口（已转到学校者）由学校有关部门在毕业生档案中寄送委培、定向单位人事主管部门。

（3）未落实就业单位、灵活就业和待就业毕业生户口原则上迁回原籍。

（4）专升本、攻读硕士学位等需要继续升学的毕业生，依据就读院校调档函，户口同时迁移至就读院校。

（5）到西部县以下基层单位和艰苦边远地区就业的毕业生，户口可以留在原籍，也可根据本人意愿迁至就业地区。

（6）参与国家和地方重大科研项目并在研究期间的毕业生，以及参加预征入伍的毕业生在身体初检和政审合格后，户口均迁回原籍。

2. 档案关系的办理

毕业生档案分为学籍档案和人事档案。

① 毕业生的学籍档案是指通过参加全国统一考试并被录取的本专科院校学生的档案，它用文字资料的形式记录了高考成绩、在校学习成绩、家庭状况、在校期间表现和奖惩情况等；

② 毕业生的人事档案由学籍档案转换而来。高校毕业生毕业后，在其学籍档案中放入该毕业生的就业报到证，然后由学校将档案转交毕业生就业单位的人事部门或委托的人才交流机构。毕业生与用人单位或委托的人才交流机构签订就业协议，然后履行相关毕业程序并取得报到证后，学籍档案正式成为人事档案。

所有档案材料原则上均不得由毕业生自己携带。毕业生档案由具体管理部门（所在院系或学生处）进行认真整理、审核后，在毕业生离校后两周内，按照机要文件的要求，统一寄送到毕业生工作单位、就读学校所归属的人事档案管理部门。

3. 党团组织关系的办理

高校毕业生的党、团员等组织关系，在离校前到学校党委组织部、团委等相关部门办理迁移手续，并在报到时按照单位要求到相关部门办理转接手续。

原则上，毕业生的党员组织关系应该和人事档案放在一起。除留在原毕业院校继续深造、工作外，所有应届毕业生中的正式党员、预备党员都需要转移党员组织关系。

毕业生签约的单位无党组织的（如外资、合资、民营企业等）其党员组织关系可转到该单位所在地的市、县（市）、区人才交流中心。

在毕业离校后就立即出国留学的毕业生党员，要填写《出国党员登记表》（一式两份），报组织部审批后，其组织关系可以留在学校。在其学成回国后，由本人提出恢复组织生活的申请，经所在单位党委审查，如证明其在国外期间确无问题，可以恢复其党员组织生活。如果是预备党员，其在境外学习期间表现良好，可以按期转正。

对于尚未落实工作单位的毕业生党员和毕业离校一段时间之后再出国留学的毕业生党员，其党员组织关系一般应放在户口所在地的街道党组织，即可将党员组织关系转至本人或父母居住地的街道、乡镇党组织、父母工作单位，也可将组织关系暂挂靠在省（自治区、直辖市）、市、县（市）、区人才交流中心或省（自治区、直辖市）高校毕业生就业指导中心。

4. 改派

改派又称就业调整，是已经派遣到具体用人单位的毕业生因某种原因不能到单位工作，由毕业生本人申请，原接收单位同意，报省（自治区、直辖市）毕业生就业主管部门批准调整工作单位的一种派遣方式。

（1）改派手续。毕业生因特殊原因要离开原报到单位到新单位工作，需要办理改派手续，将签有原就业单位的就业报到证、户口迁移证明改迁往新的工作单位。

（2）改派材料。

① 退函：原接收单位及其上级主管部门同意改派并出具的书面材料。

② 接收函：新接收单位出具的经其上级主管部门批准同意接收的书面材料。

③ 毕业生本人申请改派的书面材料和原就业报到证、户口迁移证明。

（3）改派程序。

① 本省内、省直或省直以上单位之间调整的，持退函、接收函或协议书到省（自治区、直辖市）教育厅行政服务中心学生窗口审批并办理改派手续。

② 本省内，由地市级单位改派到省直或中央驻省单位的，持地市级毕业生主管部门盖章的退函和接收单位的协议书，到省（自治区、直辖市）教育厅行政服务中心学生窗口办理改派手续。

③ 本省内，两个地市之间调整的，持原单位所在地毕业生主管部门盖章的退函、就业报到证和接收函，到接收单位所在地毕业生主管部门办理改派手续。

④ 跨省区调整的，退函和接收函必须经过单位所在地省级毕业生就业主管部门盖章同意，否则无效。

5．人事代理

作为一种新型人事管理模式，人事代理是指各级政府人事行政部门所属人才服务机构依据国家有关人事政策和法规，接受用人单位或个人委托，对其人事业务（包括人事档案管理、职称评定、社会养老、保险金收缴、出国政审）等实行集中、规范、统一的社会化管理和系列服务的一种人事管理方式。

人事代理可由单位委托，也可由个人委托，可多项（将人事关系、工资关系、人事档案、养老保险社会统筹等）委托，也可单项（人事档案管理）委托给当地人才服务机构管理。

可以参加人事代理的人员包括：

① 外资、乡镇、街道、民营、私营企业聘用的专业技术和管理人员；

② 到非公有制单位工作、自谋职业、到外地应聘的应届大中专毕业生、研究生和军队转业干部及“五大”毕业生；

③ 党政机关、企事业单位辞职、辞退、解聘人员；

④ 升学深造、出国留学的在职人员和应届大中专毕业生及回国工作的留学人员；

⑤ 其他流动人员等。

（1）单位办理委托人事代理。须向当地人才服务中心提交下列文件：

① 委托人事代理申请书；

② 企业营业执照（副本）复印件、企业章程复印件；

③ 事业单位成立的批复复印件；

④ 委托代理人员的履历表、身份证复印件；

⑤ 代理项目相关的材料。

（2）个人办理委托人事代理。根据委托人具体情况的不同，须向当地人才服务中心分别提交下列有关文件：

① 应聘到外地工作的，须提交委托人事代理申请、聘用合同复印件、身份证复印件、聘用单位证明材料（证明其单位性质、主管部门、业务范围）等；

② 辞职、解聘人员尚未落实单位的，须提交委托人代理申请及辞职、解聘证明、身份证复印件等证件；

③ 自费出国留学人员，须提交委托人事代理申请，原单位同意由人才交流中心保存人事关系的函件、出国的有关材料等；

④ 凡需要毕业生的，代理单位均需按照其委托代理的县以上人才交流中心的要求填报毕业生需求信息，由人才交流中心统一向毕业生就业主管部门申报，经核准的需求信息即作为该单位的需求计划；

⑤ 代理单位经“双向选择”将已接收的毕业生情况（推荐表复印件）报当地人才交流中心，经批准后，代理单位可与毕业生、学校签订统一规定的就业协议书，并纳入省毕业生调配计划；

⑥ 毕业生凭调配部门签发的报到证等有关材料办理报到手续；

⑦ 对尚未落实单位的毕业生和要求自谋职业的毕业生，可以向生源所在地县以上人才交流中心申请办理人事代理。

大中专毕业生凭报到证，“五大”毕业生凭毕业证与人才交流中心签订人事代理协议书。参加人事代理手续简便，随到随办。具体手续是：在职人员凭调动手续（由所在单位填写市内干部商调表，通过人事调配部门办理）或辞职手续（到市人才服务中心领取辞职申请表，由所在单位和主管部门盖章后交市人才服务中心办理）。

知识链接

办理人事代理有什么用处?

单位办理人事代理后，等于有了人事主管部门；个人办理人事代理后，等于有了工作单位。人才交流服务中心可以为代理单位和个人提供以下服务：

（1）保存人事档案，代理人事关系。

（2）办理大中专毕业生（军转干部）接受手续，大中专毕业生实习期满转正定级手续。

（3）按照有关人事政策办理档案工资晋升、工龄计算及原身份保留。

（4）为进市的毕业生办理落户手续。

（5）辞职辞退人员原工作身份的认定及档案流动手续的办理。

（6）专业技术职务任职资格（工人技术等级）的认定、考核和晋升的申报。

（7）协助办理社会统筹养老、待业、医疗等保险和退休手续。

(8) 办理出国（境）政审手续以及到国（境）外求学深造的政审及相关手续。

(9) 代理党、团组织关系的接转、管理，开展组织生活。

(10) 负责委托人的计划生育管理工作，为其办理婚姻状况证明。

(11) 按照有关规定为存档人员出具有关证明材料，以及及时将其材料整理入档。

(12) 为存档人员办理流动手续。

(13) 查询人才信息，发布招聘广告，代为招聘人才。

(14) 为委托单位进行岗前教育、继续教育，专业技术知识培训。

(15) 协助委托单位制定人才发展规划，拟定人事管理改革方案，提供人事政策咨询和人才信息服务，进行人才素质测评。

(16) 代理其他与人事人才工作相关的业务工作。

单位如不办理人事代理，相应的人事业务，如职称评审，各类资格认证，人员正常流动，接受大、中专毕业生，调整档案工资等工作，因无主管部门盖章，手续无法正常审批；大中专毕业生如不及时办理人事代理，在涉及落户口、身份认定、职称评审、工龄计算等方面均受到很大影响。也就是说，应办而不办理人事代理，无法保障单位和个人的合法权益。

第二节　就业协议与劳动合同

毕业生与用人单位签订的就业协议书以及报到后签订的劳动合同是大学生就业过程中最重要的两个法律文件。就业协议是高校毕业生和用人单位关于将来就业意向的初步约定，而劳动合同则是毕业生与用人单位明确劳动关系中权利义务关系的协议。因此，了解和掌握有关就业协议与劳动合同的知识，有助于高校毕业生运用法律武器保护自己的合法权利，同时也能避免就业过程中的违约行为。

一、就业协议书

就业协议书是高校毕业生与用人单位确立聘用关系的法律依据。从某种意义上而言，它就是一份简易合同，一旦签约，就要履行，否则就要承担违约责任。

1. 签订程序

(1) 毕业生和用人单位达成协议并在就业协议书上签名盖章，用人单位应在协议书上注明可以接收毕业生档案的单位名称和地址、接收人姓名、联系电话。

(2) 用人单位有主管部门的，所签协议书应报上级主管部门批准。

(3) 毕业生在与用人单位签订就业协议后，将协议书交学校审核，学校院（系）

及毕业生就业工作部门在相应栏目中签署意见后，纳入学校的就业方案。

2. 签订就业协议书要注意的问题

就业协议书涉及毕业生的切身利益。就业协议书经毕业生、用人单位、学校三方签字后生效，具有法律约束力。为了切实维护自己在就业过程中的合法利益，毕业生在就业签约时应注意以下几个问题。

（1）在签订就业协议书时，毕业生应认真阅读“填写说明”，注意本人情况应当符合就业政策，并遵守有关的程序规定。否则，将导致就业协议无效。

（2）毕业生必须如实地向用人单位介绍自己的实际情况，不得弄虚作假。

（3）毕业生、用人单位和学校都应严格履行协议。若有一方提出变更协议，须征得另两方同意。否则，由违约方将承担违约责任。

（4）如果用人单位没有接收毕业生人事档案及户口的指标，毕业生及用人单位不应无理要求学校对就业协议书进行鉴定。学校也不会将其列入毕业生派遣计划。

（5）学校将在学生毕业前安排体检，体检不合格者，签订的就业协议将自行取消，由学校通知用人单位。如用人单位对毕业生身体条件有特殊要求，原则上应在签订协议前进行单独体检，否则，以学校体检结果为准。

（6）就业协议应由学校最后把关。一般情况下，毕业生与用人单位先签订就业协议，然后再交学校就业工作部门鉴证。但有的毕业生为了方便，往往自己在协议书上签字后，要求学校先鉴证，再交用人单位签约，导致个别用人单位在协议书上增加有损于毕业生权益的其他条款后再签字盖章。待毕业生与学校知晓时，因三方已签字盖章，协议已生效，只能由毕业生承担不利后果。

（7）毕业生的情况由毕业生本人填写，每一名毕业生只能签订一份就业协议书，复印的就业协议书无效。

（8）毕业生可与用人单位在就业协议书中约定就业协议的解除条件，若约定条件一旦成就，可依约解除协议，而无须承担违约责任，避免产生经济损失或其他争议。

3. 违约及其处理

就业协议一经三方签署即具有法律效力，任何一方不得擅自解除。否则会给其他方带来一定的损害。目前，违反就业协议的情况时有发生，通常引起就业协议争议的主体是毕业生和用人单位。

（1）毕业生违约，擅自解除协议。用人单位往往为招聘一个高校毕业生做了大量的工作，花费一定的人力、物力和财力，有的甚至对毕业生将要从事的具体工作也有所安排；同时高校毕业生就业工作时间相对比较集中，一旦毕业生因某种原因违反就业协议，在规定的报到时间内不到用人单位上班，将会在工作安排等方面给用人单位造成极大的不便，损害在所难免。因此，在实际招聘工作中，毕业生一旦违反就业协议就必须承担违约责任，在征得用人单位同意并交纳违约金后才可与其他用人单位重新签约。毕业生违约时，必须与原签约单位办理解约手续（有原签约单位的书面退函并交纳违约金），然后将原协议书交还学校招生就业工作部门，并换取新的就业协议书。

（2）用人单位违约，擅自解除协议。对于在就业过程中处于弱势地位的高校毕业生来说，遭遇用人单位违约，擅自解除就业协议时损失更大。高校毕业生往往会因此而错失就业机会，严重影响毕业生的顺利就业。面对用人单位的违约行为，毕业生要及时调整心态，在积极寻找别的工作机会的同时，敢于拿起法律武器，维护自己的正当权益，追究用人单位的违约责任。对于协商调解不成的，毕业生可以直接向人民法院起诉，由人民法院依法裁决。

4. 就业协议的解除

（1）单方解除。单方解除包括单方擅自解除和单方依法或依协议解除。单方擅自解除协议属违约行为，违约方应依约承担违约责任。单方依法或依协议解除，是指一方解除就业协议有法律上或协议上的依据，如毕业生未取得毕业资格，用人单位有权单方解除就业协议；毕业生考取研究生后，用人单位依协议规定可解除就业协议。这些单方解除就业协议的情况，解除方无须承担违约责任。

（2）三方解除。三方解除是指毕业生、用人单位、学校三方经协商一致，取消原签订的协议，使就业协议不发生法律效力。三方均不承担违约责任，三方解除应在就业计划上报主管部门之前进行，如就业派遣计划下达后三方解除，还须经主管部门批准办理改派。

知识链接

就业协议填写提示

（1）学校、专业名称为现在就读学校全名、专业全称，应与正式登记的学校、专业名称完全一致，不得误写、简写。

（2）用人单位名称与单位公章应一致，不得简写、误写或写别名；档案接收详细信息包括单位名称、详细地址、接收人及联系电话等。某些外资、私营、民营单位如没有人事档案保管权，应填写委托保管档案的单位，如某人才服务机构的详细信息。

（3）双方协商达成的条款部分，如毕业生的服务期、见习期等内容，必须明确填写；各项福利、违约金等必须注明；甲、乙双方就有关事项协商达成附加条款，也需在协议中写明。

（4）就业协议一般是统一制表，但由于各个省市的要求不同，内容也会有所差别。

二、劳动合同

劳动合同也称劳动契约、劳动协议，是劳动者同用人单位确立劳动关系，明确双方权利和义务的协议。根据协议，劳动者加入用人单位，承担工作任务，遵守单位内部的规章制度，用人单位根据劳动法律、法规和双方的协议，提供劳动条件，支付劳动报酬，并保证劳动者享受本单位成员的各种权利和福利待遇。

1. 劳动合同的特征

劳动合同作为合同的一种，除具有合同的一般特征外，还具有本身的法律特征。

（1）劳动合同是建立劳动关系的法律形式，以合同形式确立了劳动者与用人单位的权利义务。

（2）劳动合同的主体具有特定性，一方是劳动者，另一方是用人单位。劳动者和用人单位都必须具备劳动合同主体的法定条件，不具有法定资格的公民与不具有用工权的组织和个人都不能签订劳动合同。

（3）劳动合同主体之间具有行政隶属关系，即劳动者必须依法服从用人单位的行政管理。劳动合同订立后，劳动者成为用人单位的一员，用人单位有权指派劳动者完成劳动合同规定的、属于劳动者职责范围内的任何任务。这种主体之间的行政隶属关系，是劳动合同区别于其他合同的重要特点之一。

（4）劳动合同双方当事人的权利和义务是统一的，即双方当事人既是劳动权利主体，又是劳动义务主体。根据劳动合同，劳动者有义务完成工作任务，遵守本单位内部的劳动规则；用人单位有义务按照劳动者的劳动数量和质量支付劳动报酬。劳动者有权享受法律、法规及劳动合同规定的劳动保险和生活福利待遇；用人单位依法有权对劳动者进行管理，并依法享有劳动者提供的劳动成果。

（5）劳动合同的订立、变更、终止和解除，须按照国家劳动法律、法规的规定进行。

2. 劳动合同的种类

按照合同期限的不同，劳动合同可分为三种。

（1）固定期限劳动合同。固定期限劳动合同，是指用人单位与劳动者约定合同终止时间的劳动合同。劳动合同双方当事人在劳动合同中明确规定了合同效力的起始和终止时间。劳动合同期限届满，劳动关系即告终止。如果双方协商一致，还可以续订劳动合同，延长期限。

固定期限的劳动合同可以是较短时间的，如半年、一年，也可以是较长时间的，如五年、十年，甚至更长时间。不管时间长短，劳动合同的起始和终止日期都是固定的。具体期限由双方当事人根据工作需要和实际情况确定。

（2）无固定期限劳动合同。无固定期限劳动合同，是指用人单位与劳动者约定无确定终止时间的劳动合同。这种劳动合同没有一个确切的终止时间，劳动合同的期限不能确定。

无确定终止时间，但并不是没有终止时间。只要没有出现法律规定的条件或者双方约定的条件，双方当事人就要继续履行劳动合同规定的义务。一旦出现了法律规定的情形或者双方约定的条件，无固定期限劳动合同也同样能够解除。

由于缺乏对无固定期限劳动合同制度的正确认识，不少人认为无固定期限劳动合同一经签订就不能解除。因此，很多劳动者把无固定期限劳动合同视为“护身符”，千方百计要与用人单位签订无固定期限劳动合同。另一方面，用人单位则将无固定期限劳动合同看成了“终身包袱”，想方设法避免与劳动者签订无固定期限劳动合同。

其实，与固定期限劳动合同相比，无固定期限劳动合同并没什么特殊之处，只是没有约定确定的终止时间。无固定期限劳动合同是长期合同还是短期合同，要取决于合同的履行情况，并不能一概而论，遇到法律规定或双方约定的劳动合同终止情形，同样可以解除。根据《劳动合同法》规定，只要劳动者提前三十日以书面形式通知用人单位，就可以解除劳动合同，且不用负违约责任。

（3）单项劳动合同。单项劳动合同也叫以完成一定的工作为期限的劳动合同。这种合同由用人单位与劳动者约定以某项工作的完成为合同期限。《劳动合同法》第十五条规定，用人单位与劳动者协商一致，可以订立以完成一定工作任务为期限的劳动合同。

3. 劳动合同的内容

劳动合同内容，即劳动合同条款，是指双方当事人在合同中约定的各自权利、义务和其他问题的条款。劳动合同条款分为两部分：一部分是劳动合同必备条款，另一部分为劳动合同补充条款。

（1）劳动合同必备条款。劳动合同的必备条款是指法律规定的劳动合同必须具备的内容。《劳动合同法》规定，劳动合同应当以书面形式订立，并具备以下条款：用人单位的名称、住所和法定代表人或者主要负责人；劳动者的姓名、住址和居民身份证或者其他有效身份证件号码；劳动合同期限；工作内容和工作地点；工作时间和休息休假；劳动报酬；社会保险；劳动保护、劳动条件和职业危害防护；法律、法规规定应当纳入劳动合同的其他事项。

① 劳动合同期限。这是双方当事人相互享有权利、履行义务的时间界限，即劳动合同的有效期限。劳动合同期限可分为固定期限、无固定期限和以完成一定的工作为期限。合同期限不明确则无法确定合同何时终止，如何给付劳动报酬、经济补偿等，易引发争议。

② 工作内容与地点。工作内容即工作岗位职责或工作任务。它是用人单位使用劳动者的目的，也是劳动者通过自己的劳动取得劳动报酬的缘由。工作内容应当规定得明确、具体，便于遵照执行。

工作地点是指劳动者从事劳动合同中所规定的工作内容的地点，它关系到劳动者的工作环境、生活环境以及劳动者的就业选择。

③ 劳动保护和劳动条件。这是指用人单位为了保障劳动者的生命安全和身体健康而采取的各项安全措施，如配发职工劳动防护用品，保持工作场所通风、隔热等。在劳动生产过程中如果不采取预防措施，则有可能发生各种工伤事故，危及劳动者生命安全。

④ 劳动报酬。劳动报酬是劳动者从事生产活动，用人单位以工资、福利以及其他各种形式从成本、费用或利润中支付给劳动者个人的工资性的报酬。劳动合同中有关劳动报酬条款的约定，必须符合当地有关最低工资标准的规定。劳动报酬是满足劳动者及其家庭成员物质文化生活需要的主要来源，也是劳动者付出劳动后应该得到的回报。因此，劳动报酬是劳动合同中必不可少的内容。

⑤ 劳动纪律。劳动纪律是用人单位为形成和维持生产经营秩序，保证劳动合同得以履行，要求全体员工在集体劳动、工作、生活过程中，以及与劳动、工作紧密相关的其他过程中必须共同遵守的规则。

⑥ 劳动合同终止的条件。劳动合同终止，是指终止劳动合同的法律效力。从狭义上讲，劳动合同的终止是指劳动合同的双方当事人都已经完全履行合同所规定的权利和义务，且任何一方当事人均未提出继续保持劳动关系的法律行为。广义的劳动合同终止包括劳动合同的解除。

⑦ 违反劳动合同的责任。按照法律、法规的规定，劳动合同当事人一方由于过错而造成劳动合同不能履行，过错方应承担相应责任。相关责任主要包括两个方面：用人单位违反劳动合同的责任和劳动者违反劳动合同的责任。

a. 用人单位违反劳动合同的责任，即用人单位违反法律、法规的规定或劳动合同的约定，并造成劳动者一定的物质经济损失时，所应承担的履行给付、赔偿损失等的法律责任。

用人单位有下列情形之一，对劳动者造成损害的，应当赔偿劳动者损失：

- 用人单位故意拖延不订立劳动合同，即招用后故意不按规定订立劳动合同以及劳动合同到期后故意不及时续订劳动合同的。
- 由于用人单位的原因导致订立无效或部分无效劳动合同的。
- 用人单位违反规定或劳动合同的约定，侵害女员工或未成年员工合法权益的。
- 用人单位违反规定或约定解除劳动合同的。

b. 劳动者违反劳动合同的责任，即劳动者因过错违反劳动法律、法规的规定或劳动合同的约定，对用人单位造成损失时所应承担的责任。

（2）劳动合同补充条款。根据劳动法有关规定，劳动合同除必备条款外，用人单位与劳动者还可以约定试用期、培训、保守秘密等其他事项。对于这些事项，法律不做强制性规定，由当事人根据意愿选择是否在合同中约定，劳动合同缺乏这种条款不影响其效力。因此，这种条款称为补充条款。

① 试用期条款。试用期是指用人单位对新招收职工的思想品德、劳动态度、实际工作能力、身体情况等进行进一步考查的时间期限。《劳动合同法》规定，劳动合同可以约定试用期，但最长不得超过六个月。在劳动合同中约定试用期，一方面可以维护用人单位的利益，为每个工作岗位找到合适的劳动者，试用期内用人单位可考查劳动者是否适合其工作岗位，是否与录用要求相一致，避免用人单位遭受不必要的损失。另一方面，可以维护新招收职工的利益，使新录用的职工有时间考查了解用人单位的工作内容、劳动条件、劳动报酬等是否符合劳动合同的规定。在劳动合同中规定试用期，既是订立劳动合同双方当事人的权利与义务，同时也为劳动合同其他条款的履行提供了保障。

② 培训条款。这里所说的培训专指用人单位提供专项培训费用，对劳动者进行的专业技术培训，包括专业知识培训和职业技能培训。用人单位与劳动者订立培训条款有严格的条件限制。《劳动合同法》第二十二条规定：用人单位为劳动者提供专项培训费用，对其进行专业技术培训的，可以与该劳动者订立协议，约定服务期。劳动者违反服务期约定的，应当按照约定向用人单位支付违约金。违约金的数额不得超过用人单位提供的培训费用。用人单位要求劳动者支付的违约金不得超过服务期尚未履行部分所应分摊的培训费用。

用人单位与劳动者约定服务期的，不影响按照正常的工资调整机制提高劳动者在服务期间的劳动报酬。

③ 保密与竞业限制条款。《劳动合同法》规定，当事人可以在劳动合同中约定保守用人单位商业秘密的有关事项，即保密条款。劳动者违反约定的保密条款，对用人单位造成经济损失的，应当依法承担赔偿责任。

对负有保密义务的劳动者，用人单位可以在劳动合同或者保密协议中与劳动者约定竞业限制条款，并约定在解除或者终止劳动合同后，在竞业限制期限内按月给予劳动者经济补偿。劳动者违反竞业限制约定的，应当按照约定向用人单位支付违约金。

④ 职业病防护条款。我国的法律法规中还规定了其他一些应当写入劳动合同的事项，如《中华人民共和国职业病防治法》等规定：用人单位与劳动者订立劳动合同时，应当将工作过程中可能产生的职业病危害及其后果、职业病防护措施和待遇等如实告

知劳动者，并在劳动合同中写明，不得隐瞒或者欺骗。

4．高校毕业生签订劳动合同注意事项

（1）在签订劳动合同之前，应当仔细而慎重地审查用人单位这一劳动合同主体，察看其是否经过工商部门登记以及注册的有效期限，看其是否依法成立，是否依法支付工资和其他社会保险并提供劳动保护条件，是否能独立承担相应的民事责任；双方签订的劳动合同内容（权利与义务）是否符合法律、法规和劳动政策的规定；劳动合同是否采用书面形式予以确认，合同是否一式两份，双方各执一份。防止所签订的劳动合同是一份无效合同。

（2）在与用人单位签订劳动合同时，要警惕用人单位强迫投资、入股，收取抵押金、抵押物或者其他财物情况的发生，更不得以抵押毕业证等证件作为签订劳动合同的前提条件。

（3）在劳动合同订立的过程中，劳动合同范本多由用人单位提供，因此，毕业生有权利要求用人单位就合同内容进行解释说明，要求合同中关于权利义务的叙述做到准确、完整、明白易懂，防止在劳动合同执行过程中产生误解或曲解，导致不必要的争议，给自己带来损失，也为合同争议的处理带来困难。

（4）审查劳动合同的内容是否完备。劳动合同的必备内容包括：劳动合同期限；工作内容；劳动保护和劳动条件；劳动报酬；劳动纪律；劳动合同终止的条件；违反劳动合同的责任。签订合同时应将合同内容与相关的具体规定对照。对于试用期、培训、保险、福利等内容，当事人应要求在劳动合同中写明。

（5）签订劳动合同前，应仔细阅读关于岗位的工作说明书、岗位责任制、劳动纪律、工资支付规定、绩效考核制度、劳动合同管理细则和有关规章制度。不管用人单位是否将这些文件作为劳动合同的附件，它都涉及求职者多方面的权益。如遵守用人单位的劳动纪律和规章制度是职工的法定义务，当其作为劳动合同附件时，与劳动合同具有同样的法律约束力。当劳动合同涉及数字时，应当使用大写汉字。用人单位事先起草了劳动合同文本，要求求职者签字时，一定要慎重，应对合同文本进行仔细推敲，发现条文存在模糊语言或有异议的词汇时要及时更正。

（6）《劳动合同法》规定，劳动合同可以约定试用期。“可以”二字表明，劳动合同中约定试用期不是必备条款，而是协商条款，是否约定试用期由劳动者和用人单位协商确定。但是，如果双方约定试用期，就必须遵守有关规定。

（7）《劳动合同法》规定，建立劳动关系，应当订立书面劳动合同。《劳动合同法》关于劳动合同的签订有如下规定：

① 用人单位自用工之日起超过 1 个月但不满 1 年未与劳动者订立书面劳动合同的，应当向劳动者每月支付 2 倍工资；

② 用人单位自用工之日起满1年未与劳动者订立书面劳动合同的，视为用人单位与劳动者已订立无固定期限劳动合同。一旦订立无固定期限的劳动合同，如果没有发生法律规定的可以解除劳动合同的情形，用人单位无法辞退劳动者，否则，要支付2倍的经济补偿金。

（8）劳动和社会保障部在2005年颁布的《关于确立劳动关系有关事项的通知》中指出，即使用人单位未与劳动者签订劳动合同，如劳动者有可参照的凭证仍可认定双方存在劳动关系：

① 工资支付凭证或记录（职工工资发放花名册）、缴纳各项社会保险费的记录；

② 用人单位向劳动者发放的“工作证”“服务证”等能够证明身份的证件；

③ 劳动者填写的用人单位招工招聘“登记表”“报名表”等招用记录；

④ 考勤记录；

⑤ 其他劳动者的证言等。

用人单位终止事实劳动关系也需要支付经济补偿金。

（9）为了保护劳动者的隐私，《劳动合同法》规定，用人单位有权了解劳动者与劳动合同直接相关的基本情况，劳动者应当如实说明。这句话背后的含义是指不属于“与劳动合同直接相关的基本情况”，用人单位都无权过问，劳动者也有权拒绝回答。

（10）用人单位录用女职工，不得在劳动合同中规定限制女职工结婚、生育的内容。

（11）《劳动合同法》规定，用人单位招用劳动者，不得扣押劳动者的居民身份证和其他证件，不得要求劳动者提供担保或者以其他名义向劳动者收取财物。用人单位违反规定，扣押劳动者居民身份证等证件的，由劳动行政部门责令限期退还劳动者本人，并依照有关法律规定给予处罚。

（12）《劳动合同法》明确规定只有以下两种情形可以在劳动合同中约定违约金。

① 在培训服务期中约定违约金。用人单位为劳动者提供专项培训，对其进行专业技术培训的，可以与该劳动者订立协议，约定服务期。如果劳动者违反服务期约定，应当按照约定向用人单位支付违约金，但违约金数额不得超过用人单位提供的培训费用。

② 在竞业限制中约定违约金。用人单位与劳动者可以在劳动合同中约定保守用人单位的商业秘密和与知识产权相关的保密事项。对负有保守商业秘密和知识产权义务的高级管理人员、高级技术人员和其他负有保密义务的人员，可以约定竞业限制，如劳动者违反竞业限制的约定，应当支付违约金。除以上两种情况外，用人单位要求劳动者支付违约金都是不合法行为。

课堂活动

小马是某高校电子科学与技术专业毕业的学生。2021 年 5 月，小马与某电子科技公司签订了就业协议。但就在他即将报到上班的前一周，又有另外一家公司给小马打来了录用电话，而且小马发现电子科技公司的工作岗位也不太适合自己，于是向电子科技公司提出了解除就业协议的申请。单位虽然答应了他的要求，却以小马违约为由，要求其根据就业协议的约定，缴纳 8000 元的违约金。小马觉得很不合理，认为自己现在还未正式上班，没有签订劳动合同，不能算真正违约，为何要交 8000 元?

小马的说法对吗？为什么?

____

____

____

思政之窗

合力促进高校毕业生就业

教育部发布的数据显示，2022 年高校毕业生规模预计 1076 万人，同比增加 167 万。高校毕业生就业将面临前所未有的压力，需要各方形成合力，积极应对。

高校毕业生就业形势严峻的原因是多方面的。一是当前我国经济发展面临需求收缩、供给冲击、预期转弱三重压力，这些压力不可避免会对就业产生影响；二是疫情对就业影响仍在持续，部分行业和企业生产经营还未恢复到疫前水平，部分中小企业扩大吸纳就业能力下降，散发疫情对校园招聘也产生了不利影响；三是就业的结构性矛盾尚未得到根本缓解，“就业难”与“招人难”并存，不同专业、行业和地区间用人需求差异较大。

高校毕业生就业是一项关系国计民生的重要工作，各主管部门、高校和毕业生都需统筹谋划。

教育等主管部门应积极做好供需双方的对接工作，千方百计拓展就业渠道。教育部就业指导中心会同社会招聘机构，持续举办“24365 校园招聘服务”活动，并指导各地各高校持续举办校园招聘活动。2021 年，教育部还成立了全国高校毕业生就业创业指导委员会，按照国民经济分类设立了 19 个分行业的就指委，构建用人单位与高校沟通协作的新机制。此外，教育部还会同相关部门实施“特岗计划”“三支一扶”“西部计划”等国家基层就业项目，积极推动大学生参军入伍，为毕业生开拓了更广阔的就业路径。在积极开拓就业渠道的同时，教育部还针对重点群体开展就业能力培训，帮助学生增强求职信心，提升就业竞争力。

高校需稳定校园招聘和岗位供给。当前，国内局地散发的疫情对大学生就业造成不利影响，学校在组织校园招聘时，须筑牢安全防线，提前研究制定校园招聘的疫情防控方案，避免人员聚集，构筑师生健康安全屏障。高校还可以充分利用“互联网＋就业”新模式，畅通供需双方的沟通渠道。此外，高校可根据实际情况拓展校招以外的线下空间，让毕业生先到企业进行岗位体验，再与用人单位进行接洽，可提高供需双方签约成功率。

毕业生也应提前做好求职规划，除了充分利用好各类招聘活动外，还可考虑选择一些新业态、新职业，以及灵活就业、自由职业等新形式。毕业生要树立正确的择业观、就业观，到祖国最需要的地方去建功立业，到基层一线发光发热，在服务国家发展战略中大显身手，为民生改善贡献才智。

（资料来源：《经济日报》，2022年01月08日）

思考与训练

1. 案例分析

2018年2月，小楠拿着某高等职业院校的就业推荐表前去一家公司应聘办公室文员工作，此时她的毕业实习尚未完成。公司审核及面试后，便通知小楠去上班。2018年3月，公司就与小楠签订了劳动合同，双方约定：小楠的职务为办公室文员，合同期限为一年，其中试用期为一个月，试用期月薪为3500元，试用期满后，按小楠技术水平、劳动态度、工作效益进行评定，根据评定的级别或职务确定月薪。2018年6月，小楠完成了毕业实习报告，7月正式毕业。

同年8月，公司以小楠签订劳动合同时仍是在校大学生，不具有劳动关系的主体资格，所签订的劳动合同是无效的为由，解除了与小楠的劳动关系。

公司的说法是否正确？为什么？

2. 探讨回答

（1）与你同校一位学友，与某公司签订就业协议后，想换一家单位工作，向你咨询该怎么办理有关手续。对此，你有何建议？

（2）一位参加了“专升本”考试的毕业班的同学，因不想放弃就业机会，当年4月与某公司签订了就业协议，5月初，又接到某高校的录取通知书。假设：

① 他现在不想继续上学了，该怎么办？

② 他选择继续读书，放弃就业，又该怎么办？

3. 课后反思

（1）你知道毕业后户口、档案、组织关系如何办理吗？

(2) 你觉得在签订劳动合同时，最该关注哪些内容?

4. **实际操作**

上网收集一些大学生与用人单位产生劳动合同纠纷的案例，并以此为鉴，避免将来就业时出现类似现象。

第六章 就业权益与法律保护

学习目标

1. 了解劳动法、社会保障法的相关内容。
2. 了解高校毕业生的就业权益与义务。
3. 树立法制观念，掌握求职就业的基本法律知识和解决劳动纠纷的方式。

案例导入

2019年1月下旬，一家名为“杭州有赞科技”的公司宣布将实行“996”工作制，即每天早9点半到岗，一直工作到晚上9点。遇到紧急项目时，每周工作6天，每天工作时间可能会更久。除了要求员工每天工作10多个小时外，有参与年会者还爆料，该公司高管发言时曾提出如果无法将工作和家庭妥善平衡，可以选择离婚。1月30日，杭州劳动监察部门已介入调查，如果“有赞科技”公司违法加班属实将依法查处。

在此以前，来自济南浪潮集团内部的“奋进者申请书”要求员工，必须每周自愿工作6天，每天工作12小时，自愿放弃所有带薪年假，自愿进行非指令性加班。不仅如此，“奋进者”还要在春节、国庆等节假日无条件加班，随叫随到。

2019年3月27日，一个名为“996ICU”的项目在GitHub上传开。“996ICU”的发起人呼吁程序员们进行揭露，将超长工作制度的公司写在“996公司名单”中，在一周之内，华为、阿里巴巴、蚂蚁金服、京东、58同城、苏宁、拼多多、大疆……一个个互联网头部公司先后上榜。这个名单还在不断加长……

996工作制是一种违反《中华人民共和国劳动法》的工作制度。《中华人民共和国劳动法》（下简称《劳动法》）第四章第三十六条规定：国家实行劳动者每日工作时间不超过八小时、平均每周工作时间不超过四十四小时的工时制度。《劳动法》第四章第三十九条规定：企业因生产特点不能实行本法第三十六条、第三十八条规定的，经劳动行政部门批准，可以实行其他工作和休息办法。《劳动法》第四章第四十一条规定：用人单位由于生产经营需要，经与工会和劳动者协商后可以延长工作时间，一般每日不得超过一小时；因特殊原因需要延长工作时间的，在保障劳动者身体健康的条件下延长工作时间每日不得超过三小时，但是每月不得超过三十六小时。《劳动法》第四章第四十三条规定：用人单位不得违反本法规定延长劳动者的工作时间。

第一节　劳动法

大学毕业生进入职场，将面临与学校截然不同的环境。由于目前存在着毕业生就业难的客观现实，某些用人单位动辄摆出一副居高临下的架势，无视国家法律法规，损害毕业生的合法权益。或压低劳动报酬，或不合理地加大工作指标，或不按规定给劳动者缴纳社会保险费（包括个人缴纳的养老、医疗、失业保险费和住房公积金）等。因此，学习与掌握相关法律法规，依法维护自身权益，将成为每一位大学毕业生在今后的职场中畅行的必修课。

一、《中华人民共和国劳动法》概述

《中华人民共和国劳动法》是为了保护劳动者的合法权益，调整劳动关系，建立和维护适应社会主义市场经济的劳动制度，促进经济发展和社会进步，根据宪法而制定的。1994 年 7 月 5 日第八届全国人民代表大会常务委员会第八次会议通过，自 1995 年 1 月 1 日起施行。

2018 年 12 月 29 日，第十三届全国人民代表大会常务委员会第七次会议通过对《中华人民共和国劳动法》做出修改。

二、劳动法内容

第一章　总则

第一条　为了保护劳动者的合法权益，调整劳动关系，建立和维护适应社会主义市场经济的劳动制度，促进经济发展和社会进步，根据宪法，制定本法。

第二条　在中华人民共和国境内的企业、个体经济组织（以下统称用人单位）和与之形成劳动关系的劳动者，适用本法。国家机关、事业组织、社会团体和与之建立劳动合同关系的劳动者，依照本法执行。

第三条　劳动者享有平等就业和选择职业的权利、取得劳动报酬的权利、休息休假的权利、获得劳动安全卫生保护的权利、接受职业技能培训的权利、享受社会保险和福利的权利、提请劳动争议处理的权利以及法律规定的其他劳动权利。劳动者应当完成劳动任务，提高职业技能，执行劳动安全卫生规程，遵守劳动纪律和职业道德。

第四条　用人单位应当依法建立和完善规章制度，保障劳动者享有劳动权利和履行劳动义务。

第五条　国家采取各种措施，促进劳动就业，发展职业教育，制定劳动标准，调节社会收入，完善社会保险，协调劳动关系，逐步提高劳动者的生活水平。

第六条　国家提倡劳动者参加社会义务劳动，开展劳动竞赛和合理化建议活动，鼓励和保护劳动者进行科学研究、技术革新和发明创造，表彰和奖励劳动模范和先进工作者。

第七条　劳动者有权依法参加和组织工会。工会代表和维护劳动者的合法权益，依法独立自主地开展活动。

第八条　劳动者依照法律规定，通过职工大会、职工代表大会或者其他形式，参与民主管理或者就保护劳动者合法权益与用人单位进行平等协商。

第九条　国务院劳动行政部门主管全国劳动工作。县级以上地方人民政府劳动行政部门主管本行政区域内的劳动工作。

第二章　促进就业

第十条　国家通过促进经济和社会发展，创造就业条件，扩大就业机会。国家鼓励企业、事业组织、社会团体在法律、行政法规规定的范围内兴办产业或者拓展经营，增加就业。国家支持劳动者自愿组织起来就业和从事个体经营实现就业。

第十一条　地方各级人民政府应当采取措施，发展多种类型的职业介绍机构，提供就业服务。

第十二条　劳动者就业，不因民族、种族、性别、宗教信仰不同而受歧视。

第十三条　妇女享有与男子平等的就业权利。在录用职工时，除国家规定的不适合妇女的工种或者岗位外，不得以性别为由拒绝录用妇女或者提高对妇女的录用标准。

第十四条　残疾人、少数民族人员、退出现役的军人的就业，法律、法规有特别规定的，从其规定。

第十五条　禁止用人单位招用未满十六周岁的未成年人。文艺、体育和特种工艺单位招用未满十六周岁的未成年人，必须遵守国家有关规定，并保障其接受义务教育的权利。

第三章　劳动合同和集体合同

第十六条　劳动合同是劳动者与用人单位确立劳动关系、明确双方权利和义务的协议。建立劳动关系应当订立劳动合同。

第十七条　订立和变更劳动合同，应当遵循平等自愿、协商一致的原则，不得违反法律、行政法规的规定。劳动合同依法订立即具有法律约束力，当事人必须履行劳动合同规定的义务。

第十八条　下列劳动合同无效：（一）违反法律、行政法规的劳动合同；（二）采取欺诈、威胁等手段订立的劳动合同。无效的劳动合同，从订立的时候起，就没有法律约束力。确认劳动合同部分无效的，如果不影响其余部分的效力，其余部分仍然有效。劳动合同的无效，由劳动争议仲裁委员会或者人民法院确认。

第十九条　劳动合同应当以书面形式订立，并具备以下条款：（一）劳动合同期限；（二）工作内容；（三）劳动保护和劳动条件；（四）劳动报酬；（五）劳动纪律；（六）劳动合同终止的条件；（七）违反劳动合同的责任。劳动合同除前款规定的必备条款外，当事人可以协商约定其他内容。

第二十条　劳动合同的期限分为有固定期限、无固定期限和以完成一定的工作为期限。劳动者在同一用人单位连续工作满十年以上，当事人双方同意续延劳动合同的，如果劳动者提出订立无固定期限的劳动合同，应当订立无固定期限的劳动合同。

第二十一条　劳动合同可以约定试用期。试用期最长不得超过六个月。

第二十二条　劳动合同当事人可以在劳动合同中约定保守用人单位商业秘密的有关事项。

第二十三条　劳动合同期满或者当事人约定的劳动合同终止条件出现，劳动合同即行终止。

第二十四条　经劳动合同当事人协商一致，劳动合同可以解除。

第二十五条　劳动者有下列情形之一的，用人单位可以解除劳动合同：（一）在试用期间被证明不符合录用条件的；（二）严重违反劳动纪律或者用人单位规章制度的；（三）严重失职，营私舞弊，对用人单位利益造成重大损害的；（四）被依法追究刑事责任的。

第二十六条　有下列情形之一的，用人单位可以解除劳动合同，但是应当提前三十日以书面形式通知劳动者本人：（一）劳动者患病或者非因工负伤，医疗期满后，不能从事原工作也不能从事由用人单位另行安排的工作的；（二）劳动者不能胜任工作，经过培训或者调整工作岗位，仍不能胜任工作的；（三）劳动合同订立时所依据的客观情况发生重大变化，致使原劳动合同无法履行，经当事人协商不能就变更劳动合同达成协议的。

第二十七条　用人单位濒临破产进行法定整顿期间或者生产经营状况发生严重困难，确需裁减人员的，应当提前三十日向工会或者全体职工说明情况，听取工会或者职工的意见，经向劳动行政部门报告后，可以裁减人员。用人单位依据本条规定裁减人员，在六个月内录用人员的，应当优先录用被裁减的人员。

第二十八条　用人单位依据本法第二十四条、第二十六条、第二十七条的规定解除劳动合同的，应当依照国家有关规定给予经济补偿。

第二十九条　劳动者有下列情形之一的，用人单位不得依据本法第二十六条、第二十七条的规定解除劳动合同：（一）患职业病或者因工负伤并被确认丧失或者部分丧失劳动能力的；（二）患病或者负伤，在规定的医疗期内的；（三）女职工在孕期、产期、哺乳期内的；（四）法律、行政法规规定的其他情形。

第三十条　用人单位解除劳动合同，工会认为不适当的，有权提出意见。如果用人单位违反法律、法规或者劳动合同，工会有权要求重新处理；劳动者申请仲裁或者提起诉讼的，工会应当依法给予支持和帮助。

第三十一条　劳动者解除劳动合同，应当提前三十日以书面形式通知用人单位。

第三十二条　有下列情形之一的，劳动者可以随时通知用人单位解除劳动合同：（一）在试用期内的；（二）用人单位以暴力、威胁或者非法限制人身自由的手段强迫劳动的；（三）用人单位未按照劳动合同约定支付劳动报酬或者提供劳动条件的。

第三十三条　企业职工一方与企业可以就劳动报酬、工作时间、休息休假、劳动安全卫生、保险福利等事项，签订集体合同。集体合同草案应当提交职工代表大会或者全体职工讨论通过。集体合同由工会代表职工与企业签订；没有建立工会的企业，由职工推举的代表与企业签订。

第三十四条　集体合同签订后应当报送劳动行政部门；劳动行政部门自收到集体合同文本之日起十五日内未提出异议的，集体合同即行生效。

第三十五条　依法签订的集体合同对企业和企业全体职工具有约束力。职工个人与企业订立的劳动合同中劳动条件和劳动报酬等标准不得低于集体合同的规定。

第四章　工作时间和休息休假

第三十六条　国家实行劳动者每日工作时间不超过八小时、平均每周工作时间不超过四十四小时的工时制度。

第三十七条　对实行计件工作的劳动者，用人单位应当根据本法第三十六条规定的工时制度合理确定其劳动定额和计件报酬标准。

第三十八条　用人单位应当保证劳动者每周至少休息一日。

第三十九条　企业因生产特点不能实行本法第三十六条、第三十八条规定的，经劳动行政部门批准，可以实行其他工作和休息办法。

第四十条　用人单位在下列节日期间应当依法安排劳动者休假：（一）元旦；（二）春节；（三）国际劳动节；（四）国庆节；（五）法律、法规规定的其他休假节日。

第四十一条　用人单位由于生产经营需要，经与工会和劳动者协商后可以延长工作时间，一般每日不得超过一小时；因特殊原因需要延长工作时间的，在保障劳动者身体健康的条件下延长工作时间每日不得超过三小时，但是每月不得超过三十六小时。

第四十二条　有下列情形之一的，延长工作时间不受本法第四十一条规定的限制：（一）发生自然灾害、事故或者因其他原因，威胁劳动者生命健康和财产安全，需要紧急处理的；（二）生产设备、交通运输线路、公共设施发生故障，影响生产和公众利益，必须及时抢修的；（三）法律、行政法规规定的其他情形。

第四十三条　用人单位不得违反本法规定延长劳动者的工作时间。

第四十四条　有下列情形之一的，用人单位应当按照下列标准支付高于劳动者正常工作时间工资的工资报酬：（一）安排劳动者延长工作时间的，支付不低于工资的百分之一百五十的工资报酬；（二）休息日安排劳动者工作又不能安排补休的，支付不低于工资的百分之二百的工资报酬；（三）法定休假日安排劳动者工作的，支付不低于工资的百分之三百的工资报酬。

第四十五条　国家实行带薪年休假制度。劳动者连续工作一年以上的，享受带薪年休假。具体办法由国务院规定。

第五章　工资

第四十六条　工资分配应当遵循按劳分配原则，实行同工同酬。工资水平在经济发展的基础上逐步提高。国家对工资总量实行宏观调控。

第四十七条　用人单位根据本单位的生产经营特点和经济效益，依法自主确定本单位的工资分配方式和工资水平。

第四十八条　国家实行最低工资保障制度。最低工资的具体标准由省、自治区、直辖市人民政府规定，报国务院备案。用人单位支付劳动者的工资不得低于当地最低工资标准。

第四十九条　确定和调整最低工资标准应当综合参考下列因素：（一）劳动者本人及平均赡养人口的最低生活费用；（二）社会平均工资水平；（三）劳动生产率；（四）就业状况；（五）地区之间经济发展水平的差异。

第五十条　工资应当以货币形式按月支付给劳动者本人。不得克扣或者无故拖欠劳动者的工资。

第五十一条　劳动者在法定休假日和婚丧假期间以及依法参加社会活动期间，用人单位应当依法支付工资。

第六章　劳动安全卫生

第五十二条　用人单位必须建立、健全劳动安全卫生制度，严格执行国家劳动安全卫生规程和标准，对劳动者进行劳动安全卫生教育，防止劳动过程中的事故，减少职业危害。

第五十三条　劳动安全卫生设施必须符合国家规定的标准。新建、改建、扩建工程的劳动安全卫生设施必须与主体工程同时设计、同时施工、同时投入生产和使用。

第五十四条　用人单位必须为劳动者提供符合国家规定的劳动安全卫生条件和必要的劳动防护用品，对从事有职业危害作业的劳动者应当定期进行健康检查。

第五十五条　从事特种作业的劳动者必须经过专门培训并取得特种作业资格。

第五十六条　劳动者在劳动过程中必须严格遵守安全操作规程。劳动者对用人单位管理人员违章指挥、强令冒险作业，有权拒绝执行；对危害生命安全和身体健康的行为，有权提出批评、检举和控告。

第五十七条　国家建立伤亡事故和职业病统计报告和处理制度。县级以上各级人民政府劳动行政部门、有关部门和用人单位应当依法对劳动者在劳动过程中发生的伤亡事故和劳动者的职业病状况，进行统计、报告和处理。

第七章　女职工和未成年工特殊保护

第五十八条　国家对女职工和未成年工实行特殊劳动保护。未成年工是指年满十六周岁未满十八周岁的劳动者。

第五十九条　禁止安排女职工从事矿山井下、国家规定的第四级体力劳动强度的劳动和其他禁忌从事的劳动。

第六十条　不得安排女职工在经期从事高处、低温、冷水作业和国家规定的第三级体力劳动强度的劳动。

第六十一条　不得安排女职工在怀孕期间从事国家规定的第三级体力劳动强度的劳动和孕期禁忌从事的劳动。对怀孕七个月以上的女职工，不得安排其延长工作时间和夜班劳动。

第六十二条　女职工生育享受不少于九十天的产假。

第六十三条　不得安排女职工在哺乳未满一周岁的婴儿期间从事国家规定的第三级体力劳动强度的劳动和哺乳期禁忌从事的其他劳动，不得安排其延长工作时间和夜班劳动。

第六十四条　不得安排未成年工从事矿山井下、有毒有害、国家规定的第四级体力劳动强度的劳动和其他禁忌从事的劳动。

第六十五条　用人单位应当对未成年工定期进行健康检查。

第八章　职业培训

第六十六条　国家通过各种途径，采取各种措施，发展职业培训事业，开发劳动者的职业技能，提高劳动者素质，增强劳动者的就业能力和工作能力。

第六十七条　各级人民政府应当把发展职业培训纳入社会经济发展的规划，鼓励和支持有条件的企业、事业组织、社会团体和个人进行各种形式的职业培训。

第六十八条　用人单位应当建立职业培训制度，按照国家规定提取和使用职业培训经费，根据本单位实际，有计划地对劳动者进行职业培训。从事技术工种的劳动者，上岗前必须经过培训。

第六十九条　国家确定职业分类，对规定的职业制定职业技能标准，实行职业资格证书制度，由经备案的考核鉴定机构负责对劳动者实施职业技能考核鉴定。

第九章　社会保险和福利

第七十条　国家发展社会保险事业，建立社会保险制度，设立社会保险基金，使劳动者在年老、患病、工伤、失业、生育等情况下获得帮助和补偿。

第七十一条　社会保险水平应当与社会经济发展水平和社会承受能力相适应。

第七十二条　社会保险基金按照保险类型确定资金来源，逐步实行社会统筹。用人单位和劳动者必须依法参加社会保险，缴纳社会保险费。

第七十三条　劳动者在下列情形下，依法享受社会保险待遇：（一）退休；（二）患病、负伤；（三）因工伤残或者患职业病；（四）失业；（五）生育。劳动者死亡后，其遗属依法享受遗属津贴。劳动者享受社会保险待遇的条件和标准由法律、法规规定。劳动者享受的社会保险金必须按时足额支付。

第七十四条　社会保险基金经办机构依照法律规定收支、管理和运营社会保险基金，并负有使社会保险基金保值增值的责任。社会保险基金监督机构依照法律规定，对社会保险基金的收支、管理和运营实施监督。社会保险基金经办机构和社会保险基金监督机构的设立和职能由法律规定。任何组织和个人不得挪用社会保险基金。

第七十五条　国家鼓励用人单位根据本单位实际情况为劳动者建立补充保险。国家提倡劳动者个人进行储蓄性保险。

第七十六条　国家发展社会福利事业，兴建公共福利设施，为劳动者休息、休养和疗养提供条件。用人单位应当创造条件，改善集体福利，提高劳动者的福利待遇。

第十章　劳动争议

第七十七条　用人单位与劳动者发生劳动争议，当事人可以依法申请调解、仲裁、提起诉讼，也可以协商解决。调解原则适用于仲裁和诉讼程序。

第七十八条　解决劳动争议，应当根据合法、公正、及时处理的原则，依法维护劳动争议当事人的合法权益。

第七十九条　劳动争议发生后，当事人可以向本单位劳动争议调解委员会申请调解；调解不成，当事人一方要求仲裁的，可以向劳动争议仲裁委员会申请仲裁。当事人一方也可以直接向劳动争议仲裁委员会申请仲裁。对仲裁裁决不服的，可以向人民法院提起诉讼。

第八十条　在用人单位内，可以设立劳动争议调解委员会。劳动争议调解委员会由职工代表、用人单位代表和工会代表组成。劳动争议调解委员会主任由工会代表担任。劳动争议经调解达成协议的，当事人应当履行。

第八十一条 劳动争议仲裁委员会由劳动行政部门代表、同级工会代表、用人单位方面的代表组成。劳动争议仲裁委员会主任由劳动行政部门代表担任。

第八十二条 提出仲裁要求的一方应当自劳动争议发生之日起六十日内向劳动争议仲裁委员会提出书面申请。仲裁裁决一般应在收到仲裁申请的六十日内作出。对仲裁裁决无异议的，当事人必须履行。

第八十三条 劳动争议当事人对仲裁裁决不服的，可以自收到仲裁裁决书之日起十五日内向人民法院提起诉讼。一方当事人在法定期限内不起诉又不履行仲裁裁决的，另一方当事人可以申请人民法院强制执行。

第八十四条 因签订集体合同发生争议，当事人协商解决不成的，当地人民政府劳动行政部门可以组织有关各方协调处理。因履行集体合同发生争议，当事人协商解决不成的，可以向劳动争议仲裁委员会申请仲裁；对仲裁裁决不服的，可以自收到仲裁裁决书之日起十五日内向人民法院提起诉讼。

第十一章 监督检查

第八十五条 县级以上各级人民政府劳动行政部门依法对用人单位遵守劳动法律、法规的情况进行监督检查，对违反劳动法律、法规的行为有权制止，并责令改正。

第八十六条 县级以上各级人民政府劳动行政部门监督检查人员执行公务，有权进入用人单位了解执行劳动法律、法规的情况，查阅必要的资料，并对劳动场所进行检查。县级以上各级人民政府劳动行政部门监督检查人员执行公务，必须出示证件，秉公执法并遵守有关规定。

第八十七条 县级以上各级人民政府有关部门在各自职责范围内，对用人单位遵守劳动法律、法规的情况进行监督。

第八十八条 各级工会依法维护劳动者的合法权益，对用人单位遵守劳动法律、法规的情况进行监督。任何组织和个人对于违反劳动法律、法规的行为有权检举和控告。

第十二章 法律责任

第八十九条 用人单位制定的劳动规章制度违反法律、法规规定的，由劳动行政部门给予警告，责令改正；对劳动者造成损害的，应当承担赔偿责任。

第九十条 用人单位违反本法规定，延长劳动者工作时间的，由劳动行政部门给予警告，责令改正，并可以处以罚款。

第九十一条 用人单位有下列侵害劳动者合法权益情形之一的，由劳动行政部门责令支付劳动者的工资报酬、经济补偿，并可以责令支付赔偿金：（一）克扣或者无故拖欠劳动者工资的；（二）拒不支付劳动者延长工作时间工资报酬的；（三）低于当地最低工资标准支付劳动者工资的；（四）解除劳动合同后，未依照本法规定给予劳动者经济补偿的。

第九十二条　用人单位的劳动安全设施和劳动卫生条件不符合国家规定或者未向劳动者提供必要的劳动防护用品和劳动保护设施的，由劳动行政部门或者有关部门责令改正，可以处以罚款；情节严重的，提请县级以上人民政府决定责令停产整顿；对事故隐患不采取措施，致使发生重大事故，造成劳动者生命和财产损失的，对责任人员依照刑法有关规定追究刑事责任。

第九十三条　用人单位强令劳动者违章冒险作业，发生重大伤亡事故，造成严重后果的，对责任人员依法追究刑事责任。

第九十四条　用人单位非法招用未满十六周岁的未成年人的，由劳动行政部门责令改正，处以罚款；情节严重的，由市场监督管理部门吊销营业执照。

第九十五条　用人单位违反本法对女职工和未成年工的保护规定，侵害其合法权益的，由劳动行政部门责令改正，处以罚款；对女职工或者未成年工造成损害的，应当承担赔偿责任。

第九十六条　用人单位有下列行为之一，由公安机关对责任人员处以十五日以下拘留、罚款或者警告；构成犯罪的，对责任人员依法追究刑事责任：（一）以暴力、威胁或者非法限制人身自由的手段强迫劳动的；（二）侮辱、体罚、殴打、非法搜查和拘禁劳动者的。

第九十七条　由于用人单位的原因订立的无效合同，对劳动者造成损害的，应当承担赔偿责任。

第九十八条　用人单位违反本法规定的条件解除劳动合同或者故意拖延不订立劳动合同的，由劳动行政部门责令改正；对劳动者造成损害的，应当承担赔偿责任。

第九十九条　用人单位招用尚未解除劳动合同的劳动者，对原用人单位造成经济损失的，该用人单位应当依法承担连带赔偿责任。

第一百条　用人单位无故不缴纳社会保险费的，由劳动行政部门责令其限期缴纳；逾期不缴的，可以加收滞纳金。

第一百零一条　用人单位无理阻挠劳动行政部门、有关部门及其工作人员行使监督检查权，打击报复举报人员的，由劳动行政部门或者有关部门处以罚款；构成犯罪的，对责任人员依法追究刑事责任。

第一百零二条　劳动者违反本法规定的条件解除劳动合同或者违反劳动合同中约定的保密事项，对用人单位造成经济损失的，应当依法承担赔偿责任。

第一百零三条　劳动行政部门或者有关部门的工作人员滥用职权、玩忽职守、徇私舞弊，构成犯罪的，依法追究刑事责任；不构成犯罪的，给予行政处分。

第一百零四条　国家工作人员和社会保险基金经办机构的工作人员挪用社会保险基金，构成犯罪的，依法追究刑事责任。

第一百零五条　违反本法规定侵害劳动者合法权益，其他法律、行政法规已规定处罚的，依照该法律、行政法规的规定处罚。

第十三章　附则

第一百零六条　省、自治区、直辖市人民政府根据本法和本地区的实际情况，规定劳动合同制度的实施步骤，报国务院备案。

第一百零七条　本法自1995年1月1日起施行。

第二节　社会保障法

一、社会保障法是保障社会稳定法律规范总称

社会保障法是调整社会保障过程中发生的经济关系的法律规范的总称。社会保障关系主要包括社会保障基金形成关系、社会保障待遇给付关系、社会保障基金投资关系、社会保障财务管理关系和社会保障监管关系。此外，社会保障关系可以分为社会保险关系、社会救助关系、社会福利关系和社会优抚关系等。社会保障法实施的基本宗旨，在于保障基本人权、保障社会公平和保障社会安全。社会保障的范围很广，因而社会保障法由众多法律规范和规范性法律文件组成。目前，我国还没有制定出社会保障方面的综合性法律。从社会保障法的体系结构来看，社会保障法主要包括社会保险法、社会救助法、社会福利法和社会优抚法等。

二、社会保障法的立法体系和基本内容

社会保障法是调整社会保障关系的法律规范的总称。社会保障的立法体系应当如何构造，学者们的看法不尽一致。有的主张社会保障的立法体系应当由社会保障基本法和社会保障单行法规所构成；有的主张社会保障的立法体系应当由社会保险法、社会救济法、社会福利法所构成；也有的主张社会保障的立法体系应当由社会保险法、社会救济法、社会福利法和优抚安置法所构成。

《国民经济和社会发展“九五”计划和2010远景目标纲要》指出：加快养老，失业。医疗保险制度改革，初步形成社会保险，社会救济、社会福利，优抚安置和社会互助；个人储蓄积累保险相结合的多层次社会保障制度。在大力发展社会保险的同时，积极发展商业保险；发挥对社会保障的补充作用。制定相应政策，切实保护妇女、未

成年人，老年人、残疾人等社会群体和优抚对象的合法权益。建立城市最低生活保障制度和抚恤补偿制度，依法安置退役军人，积极发展社会福利事业和社区服务，加强福利设施建设。《纲要》的这一规定，基本上为我国的社会保障立法确定了体系和内容。我国的社会保障立法体系应当由社会保障基本法和社会保障单行法所构成。

社会保障基本法是社会保障制度的基本法，是制定单行社会保障法的立法依据，社会保障基本法应当规定社会保障制度的基本内容，如社会保障的对象，范围。实施、社会保障项目的确立和标准，社会保障基金的来源和管理、社会保障机构的设置和运作，法律责任等。

在社会保障基本法的基础上，应当分别制定不同的单行法，即社会保险法，社会救济法，社会福利法和优抚安置法。

1．社会保险法

社会保险法是社会保障法的核心内容。社会保险包括养老保险、工伤保险、医疗保险、生育保险、失业保险等。

《劳动法》第 70 条规定：“国家发展社会保险，建立社会保险制度，设立社会保险基金，使劳动者在年老，患病，工伤、失业，生育等情况下获得帮助和补偿。”社会保险法主要应当规定如下内容：

（1）社会保险基金的筹集和管理。社会保险基金除国家建立基本养老基金外，企业可根据本单位的实际情况为职工建立补充保险，要提倡个人进行储蓄性保险。要规定社会保险基金的财务会计管理制度，严格控制社会保险基金的使用，坚持专款专用。

（2）社会保险基金经办机构和监督机构的设置。应当依法设立社会保险基金经办机构和监督机构，并对其职责作出规定。社会保险基金经办机构依法收支、管理和运营社会保险基金，并负有使社会保险基金保值增值的责任。社会保险基金监督机构依法对社会保险基金的收支、管理和运营实施监督。

（3）社会保险项目和标准。社会保险的项目按《劳动法》第 73 条的规定，劳动者在退休，患病或负伤、因工伤残或者患职业病，失业、生育的情况下。依法享受社会保险待遇。

（4）相关的法律责任。

2．社会救济法

社会救济是国家和社会对生活特殊困难的公民和灾民进行的物质帮助。社会救济是社会保障制度的主要组成部分。它对于解决城乡困难户和灾区人民的生活具有特殊的重要意义。我国的社会救济工作，长期以来一直是无法可依，实践中存在的问题较多。因此，必须制定社会救济法，将社会救济工作纳入法制的轨道。社会救济法主要应规定如下内容：

（1）社会救济的对象。社会救济的对象主要包括城乡中的没有生活来源的人（如残疾人，孤儿，孤寡老人等），灾区的灾民，城乡贫困户等。

（2）社会救济的形式。社会救济的形式主要包括救助，救灾和扶贫。

（3）社会救济资金和物资的来源和管理，发放和使用。

（4）相关的法律责任。

3. 社会福利法

社会福利是国家，集体和社会为保障全体公民的基本生活，提高人民的物质文化生产水平，而提供的福利性的物质帮助、福利设施和服务。社会福利涉及全体社会成员的物质文化生活，是社会保障的一个重要组成部分。我国的许多法律中都有关于社会福利的规定，《劳动法》第76条规定：

（1）国家发展社会福利事业，兴建公共福利设施，为劳动者休息，休养和疗养提供条件。

（2）用人单位应当创造条件，改善集体福利。提高劳动者的福利待遇。

4. 优抚安置法

优抚安置保障是国家和社会依照法律对特定的社会成员，通过优待、抚恤，安置等方式，保证他们生活需求的一种。安置的保障主要包括抚恤制度、优待制度、安置制度等。我国在抚恤，优待，安置等方面虽然已有不少的法律法规，但大都不能适应市场经济发展的需要。因此，应当尽快完善优抚安置法，优抚安置法主要应规定如下内容：

（1）优抚安置的对象。优抚安置的对象主要是革命烈士及家属、革命军人及其家属、革命残废军人及其家属、复转军人等。

（2）优抚安置的条件。优抚安置法应当对革命烈士的条件，残废军人的等级等作出明确的规定。

（3）优抚安置的标准。优抚安置法应对抚恤的标准，复转军人的安置办法、优待措施等作出规定。

（4）优抚安置资金的来源和管理。

（5）相关的法律责任。

知识链接

大学生就业的七项基本权益，保护自己的“五个意识”

1. 大学生就业的七项基本权益

（1）就业信息知情权。及时全面地获取应该公开的就业信息。

(2) 接受就业指导权。接受来自国家、社会和学校的及时、有效的就业指导与服务。

(3) 被推荐权。享有被学校及时、公正、如实推荐到用人单位的权利。

(4) 平等就业权。平等地接受学校推荐，平等地参与招聘，录用毕业生时公平、公正及一视同仁。

(5) 就业选择自主权。“双向选择，自主择业”，即有权决定自己是否就业、何时就业、何地就业、从事何种职业，学校、其他单位和个人均不能进行干涉。

(6) 择业知情权。有权了解用人单位的主体资格、劳动岗位、劳动条件、劳动报酬以及规章制度等情况。

(7) 违约求偿权。用人单位、毕业生、学校的三方协议一经签订后，任何一方不得擅自毁约和违约。

2. 大学生就业相关的五部法律法规

与大学毕业生就业相关的主要法律、法规有：《劳动法》《劳动合同法》《就业促进法》《劳动争议调解仲裁法》《普通高等学校毕业生就业工作暂行规定》等，其中，

(1)《劳动法》。毕业生着重了解平等就业和选择职业的权利、取得劳动报酬的权利、休息休假的权利、获得劳动安全卫生保护的权利、接受职业技能培训的权利、享受社会保险和福利的权利、提请劳动争议处理的权利以及法律规定的其他权利。

(2)《劳动合同法》。《劳动合同法》是《劳动法》的特别法。

(3)《就业促进法》。营造公平就业的环境，消除就业歧视，制定政策并采取措施对就业困难人员给予扶持和援助。

3. 大学生就业权益自我保护的“五个意识”

(1) 法律意识。市场经济是法制经济，毕业生就业也必须走法制化之路。

(2) 契约意识。一是重视和深刻理解就业协议的重要性，有通过就业协议来保护自己合法权益的意识；二是严格遵守、履行就业协议内容的意识。

(3) 维权意识。权益受到侵犯时不要惊慌，可依靠学校、国家行政机关、新闻媒体、法律援助、司法机关维权。

(4) 证据意识。一是收集证据的意识，要求对方出示或者提供相关资料；二是保存证据的意识，以便将来在仲裁或诉讼时支持自己的观点；三是运用证据的意识，毕业生要有用证据证明案件事实的意识。

(5) 诚信意识。毕业生自己在求职过程中必须如实向用人单位介绍自己的情况。识别和规避企业的费用陷阱、高薪陷阱、试用期陷阱、合同陷阱。

第三节　就业陷阱及其防范

求职的道路上虽然充满了成功的机会和希望，但同样也潜藏着形形色色的陷阱和骗局，高校毕业生必须擦亮双眼，明辨是非，以免上当受骗。

所谓就业陷阱，就是某些招聘单位、机构或个人，利用大学生在就业市场上的弱势地位，以提供就业机会为诱饵，采用违法悖德手段，与大学生达成权利与义务不对等的各类就业意向（协议），侵害大学生合法权益的行为。就业陷阱具有欺骗性、诱惑性、隐蔽性、违法性等主要特征。刚刚离开校园、走上社会的高校毕业生，由于社会经验不足、自我保护意识差、加上求职心理迫切，就业竞争激烈，很容易被各种假象所蒙骗。因此，高校毕业生在求职时需要谨防各种就业陷阱。

一、常见的就业陷阱

1．招聘陷阱

由于主办单位把关不严，有些“双选会”打着安排毕业生就业的名义，给一些违法之徒可乘之机。参加“双选会”的招聘单位良莠不齐，有的招聘单位收取毕业生的个人信息后出卖牟利。不少招聘单位的岗位名称模糊，名不符实。有的投资咨询公司在录用求职者从事“期货、现货交易员”后，要求每位录用者参加为期数天的培训，并在培训后自付一定费用开户进行实盘操作。此类自费实盘操作行为对求职者具有较大的风险，更具有招聘欺诈嫌疑。

2．抵押陷阱

虽然国家早就明文规定，任何单位在招聘员工时，不得以任何理由、任何形式收取求职者的押金或者以身份证、毕业证等作抵押。但是，目前仍有一部分用人单位以便于管理为由向求职者收取押金、证件作抵押。在收取押金或证件之后，招聘单位便有可能为所欲为，高校毕业生在求职时一定要小心此类陷阱。

3．骗费陷阱

法律规定用人单位不得向应聘者收取任何费用，包括报名费或保证金。但仍有一些招聘单位巧立名目，向求职大学生索要报名费、办证费、培训费、保证金、押金、资料费、劳保费、保险费等名目繁多的费用。向求职者要报名费或保证金的公司，很可能是想骗取求职者口袋里的金钱，这种“机会”最好还是不要。还有一些招聘单位不当场签约，要求职者打电话继续洽谈，而电话实际上是高额收费的。

4. 薪酬陷阱

有些招聘单位的面试人员在求职者的询问下，给出一个含糊的月薪数字，然而在月底支付薪酬时却以员工没完成工作量或工作失误为由，扣除部分薪酬。这类薪酬陷阱在求职时不易识别，大学生要提高警惕。

5. 中介陷阱

（1）少数职业中介机构，利用网络平台免费发布招聘信息，大量收集高校毕业生个人信息，然后倒卖赢利。

（2）有的中介机构收取高额的中介费用后，寻找各种借口和“理由”，拒绝为大学生寻找工作机会，而想要回中介费却非常困难。

（3）外地非法中介机构（或网络平台）与不法“用人单位”相勾结，收取不菲中介服务的费用后，以种种理由推脱责任。有的虽然介绍了工作机会，但用人单位的状况与毕业生求职要求相去甚远，有的虽然上岗工作了，但很快就会被“用人单位”以各种借口辞退。

（4）非法中介机构之间相互串通，以高薪、大城市就业、落户等诱饵，骗取高额中介费后，介绍给外地的、其他的职业中介机构，然后让毕业生去不法用人单位或私人小企业打零工，而户口、档案等资料却被长期违法扣留，甚至被弄丢。

6. 合同陷阱

合同陷阱主要有以下三种：

（1）口头承诺。口头承诺的过高待遇，最有可能是陷阱。口头承诺如果没有在劳动合同书中以白纸黑字体现，就没有法律约束力。一旦协议主体间发生矛盾，吃亏的一般都是大学生。

（2）不平等协议。由于大学生缺乏维权意识，在求职中又处于弱势地位，不知道或不敢对不平等条款提出异议，使就业协议、劳动合同在某种程度上成为“霸王合同”。大学生在签订就业协议、劳动合同时，一定要慎防无保障协议、“卖身协议”等不平等协议。

（3）以就业协议代替劳动合同。有些用人单位以就业协议替代劳动合同，究其原因，是用人单位在就业协议中的许多约定不符合《劳动合同法》的规定，如果签订劳动合同，这些不合法约定将不存在，不能达到其违法用工的目的。

7. 试用期陷阱

极少数公司通过不断延长招聘信息有效期，招用新员工替代即将转正的员工以达到降低用人成本的目的。

8. 见习、实习陷阱

一些用人单位发布工作性质为“合同制”的招聘用工信息，却不与求职者签订劳动合同，而是签订“见习”协议，并将招聘信息中承诺的薪资改为见习补贴。利用“见习”“实习”名义使用免费或廉价劳动力。

9. 培训陷阱

部分不法培训机构，为了招揽培训生源，通常和招聘单位勾结，由“用人单位”发布虚假的招聘信息，要求应聘者参加其指定培训机构的培训，考核合格才能录用。当求职者支付培训费用并参加完培训后，考核过关者却寥寥无几，即使过关，被录用者也难逃厄运，在见习期或试用期即以各种理由被辞退。

一些培训机构混迹于招聘会，不断给大学生介绍“高薪就业”之类的机会，名义上是招工，实际上是为培训机构招生。有些培训机构以“保证就业”来引诱大学生交纳培训费，但培训结束后，却以种种理由不安排就业，或推荐大学生到一些位置偏僻、层次较低、无人问津的低薪岗位，甚至在试用期就借故将大学生辞退。

某些用人单位出资让应聘的大学生通过培训上岗，限制大学生的“自由”。一旦不从，应聘者就必须交纳数目不菲的违约金；有的用人单位甚至扣押应聘大学生的各种证件以达到控制应聘大学生的目的。

一些所谓的咨询公司或培训机构在网站上发布“高薪招聘”启事，岗位多为“移动互联网产品经理助理”之类的职位。招聘门槛不高，一般具有大专或本科学历的都符合录用条件。当求职者上门应聘时，此类公司或培训机构就声称要对求职者进行专业培训，培训合格后即可录用。在公司的诱导和承诺下，一些求职者就与其订立《内训协议》《SAP 岗前实训协议》等民事协议。这些协议明确公司与求职者间无劳动关系，只是单纯的培训关系，只有求职者在培训合格后，公司才考虑予以录用并建立劳动关系。培训协议中还约定求职者需要承担高额的培训费，如果求职者资金不够，这些公司甚至提出可以协助求职者贷款支付培训费。培训开始后，求职者发现所谓高大上的培训只是一些简单的技能培训，并无多少专业含金量可言。而且培训合格率很低，即使培训合格，当初声称要录用的公司往往也会消失得无影无踪，求职者的高额培训费就此白费了。一些求职者甚至因此背负了高额贷款。

10. 安全陷阱

一些别有用心的招聘单位索要应聘者的各种证件、签名、章。如果大学生在应聘中留下重要证据，就可能成为各种形式的债务人，或可能成为敲诈勒索的对象。

有些招聘单位利用招聘、面试作为掩护，提供非法工作，使应聘者从事偷盗、抢劫、涉毒、偷运、销赃、窝赃等违法活动，使应聘者沦为不法之徒的帮凶。一旦事情败露，违法者踪影全无，而求职者成为替罪羊。

11. 传销陷阱

传销是指组织者或者经营者发展人员，并要求被发展人员以缴纳一定费用为条件取得加入资格等方式牟取利益，扰乱经济秩序，影响社会稳定的行为。作为国家法律明令禁止的非法经营活动，传销不仅严重扰乱市场经济秩序，影响社会稳定，而且还直接侵害广大人民群众的人身及财产安全，社会危害极大。1998 年 4 月 18 日，国务院发布了《关于禁止传销经营活动的通知》，宣布全面禁止传销经营活动。

传销好像离我们很远，但其实就在我们身边。近年来，一些不法之徒利用毕业生就业心切的心理，骗其加入非法传销组织的案例屡见不鲜。据有关部门保守估计，参与非法传销的群众已经超过了 1000 万人，其中具有大学学历的占 30%，在校大学生又占其中 5%。每年暑期都有一部分高校毕业生因为找工作而被传销组织以“高薪”“好工作”等幌子所欺骗，深陷泥潭，难以自拔。有的即使能逃离出来，也难免遭受经济上和精神上的双重损失，并承受巨大的心理压力。

12. 体检陷阱

一些“黑中介”利用求职者急于找工作的心理，假装按照正常的招聘程序，先对求职者进行笔试，之后再要求应聘者到指定的体检机构体检。体检完成后，“黑中介”再以“体检不合格”或者面试不合格不予录用等理由，堂而皇之地拒绝求职者。求职者交的体检费则被“黑中介”和指定的体检机构瓜分。

13. 成果陷阱

有些单位以招聘为名，在收集求职者资料和组织面试的过程中，要求求职者提供成果展示，并以此窃取求职者的劳动成果。在纷至沓来的各种招聘会上，有的用人单位以招聘为幌子，收取简历、组织面试，窃取应聘者殚精竭虑做出的一份份计划书和创意策划书等成果。求职者没有得到工作，而用人单位却以此窃取其劳动成果。

14. 名称陷阱

招聘岗位名称诱人，但与实际工作岗位完全不符。有的用人单位招聘电梯服务员，却冠以“垂直交通管理员”的称呼，一般职员被冠以“经理助理”“技术协理”等称号。如某保险公司招聘“客户服务专员”，要求不高，待遇相对较好，在很短时间内便有百余名求职者争相前往应聘。但许多求职者在该公司上班不久便提出要离开。原来公司其实并不是招聘“客户服务专员”，只不过是通过这样的形式吸引更多的人员前来应聘，就算最后录用，实际安排的岗位也就是保险业务员或营销员。

15. 广告陷阱

有的用人单位总是以“某单位”“某大型绩优厂商”“某上市公司”等为名发布广告，既不说明单位性质、规模，也不公布名称、地址，最多只有一个电子邮箱和电话号码。要应征这些不敢在报纸上公开名称的公司时，最好先打听清楚其背景，此类单位大多要求求职者在上岗前交报名费、培训费或者保证金。在这种情况下，最好把那份在人才交流会上得到的胶印传单立刻扔进垃圾筒里。

16. 高薪陷阱

对于那些声明求贤若渴、待遇优厚却对应聘者的学历、能力并无特殊要求，只租用招待所、包间充当临时招聘场所的用人单位，一定要摸清其底细，其多数只有两个目的，一是骗取报名费等费用，二是征集创意。常有一些公司在招聘时以高薪为诱饵，要求应聘者交一篇策划案或是工艺设计稿，而且往往不厌其烦地与应聘者讨论细节。奉劝求职者不要在此类公司浪费心思与精力，公司只是免费利用应聘者而已。

17. “好心”陷阱

与用人单位接触，最好是面对面地与用人单位直接交流，要尽量避免中介，尤其是那些无正式执照的小规模的“劳务介绍所”，更不要轻易将自己的有效身份证件交给他们，或在他们提供的文件上签字。小心那个“热心”牵线搭桥帮忙找工作的陌路人，很可能是别有用心。

18. 低门槛陷阱

通常情况下，为避免太大的风险，企业招收中、高级职员一般都会要求有相关工作经验。“无经验亦可”，通常是企业用来寻找业务员的做法，一旦培训完成，企业可能就要求求职者直接去拉业务了。

19. 代招陷阱

一些不法之徒假托与一些知名艺人、电视台、电影公司或唱片公司有联系，声称“代招”演艺人员或模特儿，并可代为安排工作，诱使求职者缴纳不菲的费用参加其提供的训练课程。求职者在付款后往往得不到任何工作，或接到性质及薪酬跟当初承诺明显不符的工作，更难以拿回已付的款项。

知识链接

大学生应怎样避开求职陷阱?

1. 拒交各种名义的费用。招聘单位以任何名义向求职者收取抵押金、服装费、产品押金、风险金、报名费、培训费等行为都属非法行为。

2. 不轻信招工企业许诺到外地上岗。对外地企业或××外地分公司、分厂、办事处的高薪招聘，不论其待遇多么好，求职者千万要保持高度警惕，不要轻信对方的口头许诺，而应到劳动保障部门咨询并办理相关手续，否则很有可能被骗工、骗钱甚至被人贩子骗卖，或者陷入传销陷阱。

3. 大学生在求职时应主动学习劳动法规及相关政策，提高求职素质和独立思考的能力。在正式进入单位前，要想方设法加强对企业的了解，以免误入骗子的陷阱。注意招聘单位的营业执照等相关证件，对一些以租用房间作为应聘地点的单位应提高警惕。

4. 谨慎签订劳动合同。一看企业是否在工商部门登记及企业注册的有效期限，否则合同无效；二看合同字句是否准确、清楚、完整，不能用缩写替代或含糊文字表达；三看劳动合同是否有些必备内容，包括劳动合同期限、工作内容、劳动保护和劳动条件、劳动报酬、社会保险和福利、劳动纪律、劳动合同终止的条件、违反劳动合同责任等。

5. 发觉被骗迅速报案。目前，各地陆续成立由公安、通信、银监、银行等单位组成的“反欺诈中心”。若遭遇电信诈骗，或向嫌疑人账户转账，应第一时间拨打110或者到派出所报案，110指挥中心或者派出所会将警情转到“反欺诈中心”。“反欺诈中心”经过核实，会启动“紧急止付”程序，将涉案账户快速冻结，最大程度挽回受害者的损失。

二、就业陷阱的防范

对大学生就业陷阱的防范不仅要创造安全、有序、公正、合理的外部环境，更重要的是要加强对大学生的法制教育，增强大学生的自我保护意识，使大学生知法、懂法、守法，并能利用法律武器维护自身的合法权利。高校毕业生在求职时，要注意以下几点：

1. 选择正规求职渠道

（1）对每个面试的单位和岗位都要事先通过多种渠道进行了解，看应聘单位是否在工商部门登记注册、注册时间是否有效；也可在面试时观察公司的工作环境、面试是否正规等。

（2）谨慎对待小广告。对街道上散发和张贴的一些“招聘启事”或在非主流媒体上刊登的招聘广告，要谨慎对待。防止虚假招聘，避免上当受骗。

（3）在签订就业协议或劳动合同时，一定要仔细阅读其内容后再签字。

（4）加强自身的防范意识，尤其是在工作前用人单位就要求交费、贷款时，一定要谨慎。

2. 加强防范意识

（1）填写个人简历时，不要在规定的表单以外的地方填写自己的联系方式，建议求职者只留本人联系电话并保持畅通，最好不留家庭电话。

（2）面对所谓的“高薪招聘”，求职者一定要保持头脑清醒。有的招聘者夸夸其谈，反复强调招聘职位工作能轻松拿高薪，则很有可能就是陷阱。

（3）求职过程中，应聘者要详细了解用人单位、应聘岗位的详细信息，应仔细询问岗位的工作内容和细节，不要被名称所迷惑。

（4）如遇到单位要求必须体检才能上岗的，请求职者注意：通常单位不会指定私立医院或者诊所。

(5) 不轻信许诺到外地上岗。对外地企业或外地分公司、分厂、办事处的高薪招聘，不论其待遇多好，求职者都要保持清醒的头脑高度警惕。

3. 用法律保护自己

(1) 求职者应主动学习并掌握劳动法规和相关就业政策，提高自己的求职素质和独立思考的能力。

(2) 如果不慎应聘了所谓的“见习”岗位，要先核实该单位是否为见习基地，若不是，应及时设法脱身，以免被不法企业侵害个人利益。

(3) 在接到用人单位的面试通知时：

① 务必到网上再核实一下这个单位的情况，对方用移动电话与你联系时，必须索要单位的固定电话，面试前尽量通过对方的固定电话预约面试时间；

② 认真确认面试地点，正规单位招聘一般会将招聘地点设在单位的办公室、会议室，一些以租用房间作为应聘地点的单位，要警惕；千万别轻信招聘者在指定的酒店接待，应该自己主动找到招聘单位所在办公地址或办事处。

③ 绝大多数招聘单位不会主动派车去接应聘者，应聘时勿与陌生人到偏僻地方，勿将手机等财物交给陌生人。发现被骗应及时报警。

(4) 任何招聘单位以任何名义向求职者收取抵押金、服装费、产品押金、风险金、报名费、培训费等，都属非法行为。求职者遇到此类情况，要坚决拒交，并向招聘单位所在地区的劳动监察大队举报，以确保自己的合法权益不受侵害。若求职受骗情况特别严重、被骗金额大，可以到公安部门报案。

课堂活动

小组讨论，熟悉各类就业陷阱，以便能够准确识别各类就业陷阱。

活动内容：

(1) 将全班学生分成若干小组，每组 6～8 人，设组长 1 名。

(2) 由组长组织本组成员通过网络、报纸或到当地人才市场搜集与本专业相关的各类招聘信息，以及各类兼职信息，每人搜集 2～3 条。

(3) 小组成员对搜集到的信息进行分析，讨论信息是否真实、是否可能存在就业陷阱等，并将讨论结果进行记录。

(4) 将讨论结果交给教师，由教师给出相关建议。

活动检测：活动结束后，教师可根据表 6－1 进行评分。

表 6－1 探索活动评价表

评分标准	分值	实际得分	备注
积极参与活动	20		
活动组织有秩序，时间安排合理	25		
相关记录准确全面，条理清晰	25		
能够准确判断招聘信息的真假，识别其中的就业陷阱	30		
总分	100		

思政之窗

大学生就业教育中的法律意识培养

大学生就业关系着国家经济发展，关系着国家社会稳定，也关系着大学生本人的事业前途，搞好大学生就业工作，“稳就业”成为党和政府的一项重要战略任务。今年以来，突发公共卫生事件的暴发，严重影响着企业生产和企业用工，更影响着大学生就业，企业用工的减少，对大学生就业是个极其严峻的挑战。与此同时，今年特殊的就业形势，也赋予人才就业市场新的特点。大学毕业生在就业过程中，由于法律意识淡薄，维权观念薄弱，合同意识不强，社会经验不足，有些企业利用大学生急于就业的心理，抓住大学生就业过程中的薄弱环节，设置陷阱，侵犯大学生合法权益，因此，有必要在就业教育中加强对大学生法律意识培养，从而增强大学生就业法制观念，提升大学生就业技能，保护大学生合法就业权益，以达到依法就业、文明就业和理性就业。

开展就业教育的法律维权意识培养

大学生毕业之后，会出现一段较为迷茫的时期，特别是所投简历不被回复、面试不通过时，就会出现焦虑和抑郁的情绪，这更增加了大学生求职的急迫性。为了能尽快找到工作，往往会忽略自身合法权益。当用人单位毁约，不能履行合约时，由于缺乏法律意识，维权意识薄弱，就会出现不知所措、忍气吞声的现象，不知道自己享有违约求偿权，不知道运用法律维护自身合法权益，维护自身平等就业权和公平待遇权。《劳动法》规定“劳动者享有平等就业和选择职业的权利”。维权就是维护自身合法权益，是法律赋予每个人应有的权利。对大学毕业生而言，维权是在就业时，对自己所拥有的权利的维护。在就业教育中对大学生维权意识培养，一方面是把培养维权意识体现在大学教学的每个环节，让大学生了解到运用法律维权的重要性。在大学阶段，推进维权意识培养在教学中顺利进行，做到从教学大纲设置，到教学体系、教学手段、教学内容等方面都要有具体的体现，从而全面系统地培养维权意识，形成完整的就业维权意识培养体系。另一方面是在就业教育中将《就业促进法》《劳动合同法》等作为培养维权意识的基础，防止大学生合法权益受到不平等的对待。除此之外，国家还根据大学生的不同状态设置了针对性的待业法、医疗保健和社会保障法，力求为大学生创造一个良好的就业环境。

实施就业教育的法律契约意识培养

在目前现行高校毕业生就业体制下，高校要求毕业生与用人单位签订就业协议。每个高校在大学生即将毕业时，都会向学生发送一份就业协议书，最主要的目的是了解大学生的就业状况，明确高校、毕业生与用人单位之间各自承担的责任和义务。但在实际的协议书应用过程中，很多大学生都忽略了其中的规定，经常会出现签约多家单位、确定保底单位、多次跳槽等问题，这些问题所带来的麻烦会给三方都造成影响。大学生是具有民事行为能力的成年人，要为自己的行为承担责任。首先是在就业教育中，教师可以对学生分析就业协议书中的重要内容，让学生了解就业协议书的重要作用，强化学生对就业签约的重视度。就业协议书一旦经过三方的签订就会产生法律效力，任何一方都不得擅自解除协议，如果出现违约现象则需要支付相应违约金。其次是就业教育需要让大学生了解社会就业中所应当遵循的契约，并倡导学生要做一名诚实守信的人，要求大学生严格地选择单位进行签约。再者是在就业教育过程中，教师要引导学生领悟法律中所蕴含的伦理道德精神，培养大学生的就业法律意识，把握道德自律精神，自觉约束自身行为，构建良好的社会道德体系。最后是大学生自身的法律素养会直接影响到大学生的就业行为，在就业教育中，教师应当让大学生形成较高的法律素养，领悟并传承中华民族中从善如流、严于律己的优秀品质和高尚美德。

进行就业教育的法律合同意识培养

合同是保障双方合法利益的重要方式，由于大学生涉世未深，在初期就业过程中经常出现合同纠纷问题。部分大学生过于轻信用人单位，认为口头承诺即可，一旦出现问题纠纷无法使用合同保障自身合法权益。部分用人单位会使用模糊语言来描述合同条款，误导大学生思想，甚至利用合同漏洞损害大学生权益。合同纠纷是大学生在就业过程中最为常见问题，因此，培养良好的法律合同意识，有利于完善大学生法律思维体系。一是在就业教育中充分让大学生了解合同的概念、内涵、重要性以及常见的合同骗局，使学生对合同有全面了解。大学生需要多学习有关于《劳动合同法》内容，强化自身对合同的认知，提高合同意识和法律意识，避免自己掉入合同陷阱。二是面对逐渐严重的就业形势，越来越多的大学生被卷入了劳动纠纷之中，给大学生的权益造成了侵害。各个高校和社会行业都开始关注大学生的法律意识问题，高校也开始在就业教育中融入法律意识教育，以期改变大学生的就业观念，提高大学生的法律意识。法律意识的培养可以让大学生增强就业法制观念，从而达到理性择业、文明择业、依法择业的效果。三是当前大学生在就业过程中体现出了维权意识差、契约意识差和合同意识差的问题，因此更加容易陷入就业骗局中，高校在进行就业教育过程中，应当从维权意识、契约意识以及合同意识教育入手，针对大学生的薄弱之处制定出行之有效的教学策略。高校在就业教育中需要让学生掌握就业方面的法律内容，使大学生可以更好地使用法律武器保护自己。

（资料来源：法制网）

思考与训练

1．案例分析

大学毕业生小杜在某公司做文秘工作一年多了。最近，她在工作中出了几次差错，让总经理很不满意。于是，公司决定解除与她的劳动合同。小杜对此不服，提起了劳动争议仲裁。仲裁机构在审查公司与小杜签订的劳动合同时发现，公司没有在这份劳动合同上加盖公司公章，公司方只有一个法人代表的个人签字。

问题：这份劳动合同有效吗？

小杜认为："第一，我与公司签订的劳动合同，虽然公司没有加盖公章，但有法人代表的亲笔签名，这就表示公司认可该合同，怎么能说是无效合同呢？第二，合同条款中并没有违法和不公正的内容。所以，不能说这是一份无效劳动合同。"

公司认为："劳动合同上没有加盖公司的公章，本身就不符合订立合同的形式要件，这份劳动合同当然无效了。"

你的意见如何？为什么？请利用本章所学劳动合同法知识加以分析。

2．探讨回答

（1）如果有一个单位你非常中意，但是它要求至少6个月的最低薪金实习，你会选择该单位吗？说明理由。

（2）小明在与公司签订合同时，人力资源主管说，合同都是统一的模版，你只要看看薪金栏正确无误就可以了，别的不用看了。你觉得人力资源主管的说法对吗？

3．课后反思

（1）你了解劳动法的内容了吗？有哪些内容你觉得需要自己特别重视。

（2）简要概况一下高校毕业生的就业权益和义务。

4．实际操作

收集一些招聘陷阱的案例，做成PPT的形式，在课堂上进行播放讲解，避免将来求职时"中招"。

实践篇——职场适应

第七章 职场适应与自我管理

学习目标

1. 了解学生角色与职业角色的区别。
3. 养成良好的工作习惯，构建和谐人际关系，做合格的职业人。
4. 树立追求卓越和职业成功的坚定信念。

案例导入

武汉某高校毕业生小李的专业知识非常丰富，实践动手能力强，毕业后应聘到国内一家大型IT企业上班后，更是摩拳擦掌，很想大干一场。加入公司不到10天的时间，小李就做出一份长达50页的企业策划方案，放到老板桌上。令小李迷惑不解的是，老板接到方案后非但没有表扬他，反而大皱眉头。后来小李通过同事了解到：原来公司一贯奉行稳健经营的作风，而小李的方案虽然具有开拓性，但是存在着巨大的经营风险，和公司的企业文化不符。

每个刚步入职场的新人，都迫切希望快速了解企业文化，学有所用，干一番事业。但“理想很丰满，现实很骨感”，用人单位在给新人事业平台的同时，也给予一定的约束，这是无法改变的。从迈进用人单位大门的第一天开始，新员工就必须学会融入用人单位的企业文化。

第一节 职场适应与角色转换

不少大学生自以为在大学时期接受了精英教育，大学毕业生“理所应当”有一份好工作相配，刚刚走上社会的大学生一般成功欲望很强，其中就会有一些不切实际的期望。不肯改变自己的就业取向，不肯降低自己的身价，这是大学生就业的最大障碍。

现实情况则是应届大学毕业生没有经历社会生活的磨炼，就业心态浮躁，往往陷入相互攀比，一味强调单位应给予他什么，而很少考虑自己能为单位创造什么，对物质和生活待遇的要求超出企业愿意支付的标准。他们动手能力差，眼高手低，大事做不了小事不愿做。在人才市场上来来往往的洪流中有一些大学生抱着“骑驴找马”的心态，随时准备跳槽，让众多的用人单位“很受伤”。

据统计，大学生在新单位待满一年的不超过20%。现在企业最大的不满是应届大学生的成活率太低。单位把学生从学校招进来，从没有任何工作经验到教会他各种工作技能，花费了一定的人力和物力；可大学生却把单位当作了实习基地和跳板，说走就走了。用人单位抱怨说：“好人才越来越难找，很多大学生连基本的就职能力、职业素养都缺乏，花钱与时间来培训他们，成本太高，得不偿失，这让我们难以接受。”

受中国教育的现状和新经济时代知识更新速度不断加快的影响，书本理论知识往往与现实工作需要技能严重脱节；而大部分应届大学毕业生文凭高，在现实面前无法调整心态、虚心学习、从头再来，结果不辞而别，一走了之。给用人单位留下了很坏的印象，从而为下一届毕业生的就业留下很大的隐患。大学生成功就业和成为成功的职业人，挽回社会对毕业生畏忌或误解，需要大学生自身做出努力。

一、从大学生到职业人是一种社会角色的转换

从大学生到职业人其核心是从“要”到“给”的转变，是“索取”到“贡献”的转变。学生时代因为父母的付出，可以从家里“要”到宠爱与照顾；因为老师的付出，可以从学校里“要”到知识与技能；因为社会的付出、国家的付出，可在社会中“要”到社会的资助与培养。不需要考虑贡献，大可以尽管去“索取”。

大学生在学校里，考试成绩不好不会给班级和学校造成经济损失，会有补考的机会；如果和同学不能相处融洽，仍然可以保持自己的个性，孤芳自赏；如果你不喜欢那个老师，你可以不去听他的课，可以期盼着下学期换另一个老师；如果迟到、旷课，只是耽误你自己的学习，与其他同学没有多大的关系。总之，校园里的大学生是“娇子”，是全社会培养的对象，享受着各种优惠的待遇。

然而，大学毕业生从校园走上社会成为职业人，如果工作失误，会造成重大的经济损失，没有挽回的机会；如果与同事关系不好，会被组织认为没有团队合作精神，将成为出局的人；如果迟到、旷工，耽误的是整个团队的业绩，随时有被开除的可能；作为职业人，在单位里你必须成为社会、企业或老板财富的创造者。

大学生要转换成职业人，必须先“给”，否则你什么也“要”不到。将“索取”的心态变成“贡献”的心态，是成为职业人的关键。从企业的角度来说，企业对人的

判断有两个要求，一个叫作潜力，即看你未来成长的空间；一个叫作贡献，即你的加入对这个团队能够产生什么样的价值。作为职业人，应考虑我能为单位带来什么？我能为企业创造什么？而不应该首先去想单位、企业或老板应该给我什么样的回报？只有既能为企业或老板带来实际的贡献，又能有可持续的发展，这样的员工才是最受欢迎的。

二、大学生与职业人的根本区别

（一）承担的责任不同

大学生是以学习、探索为主要任务，在校园里，为了学习的尝试哪怕是错的，学校和老师都会原谅你。此外，大学生最快乐的事就是有依靠，在学习方面可以依靠导师，有什么问题都可以向他请教；在生活上有什么困难可以依靠父母。成为一个职业人以后，应尽快地适应社会。首先，必须学会服从领导和管理，迅速适应上级的管理风格；职业人如果在工作中犯了错误，是要承担成本和风险的责任，承担相应的社会责任的。

实践表明，凡由大学生到职业人的社会角色转换比较快的人，则容易更早地获得单位的认可，能更快地寻找到新的起点，也就更容易享受到事业成功和生活幸福的喜悦。因此，大学毕业生应正确面对社会，正确处理工作与人际关系上的诸多矛盾，克服各种心理障碍，培养良好的适应能力，尽快适应环境，迈出成功的第一步。

（二）面对的环境不同

大学生在校园里是单纯而简单的校园文化氛围，但成为职业人，在职场上面临的社会环境是快速的生活节奏，紧张的工作和加班；没有了寒暑假，自由支配的时间少；还要承受不同地域的生活环境和习惯。由于缺乏实际工作经验，开始工作时往往不能得心应手，工作压力显著增加，给心理造成很大的负担。

（三）人际关系复杂

处理好人际关系是每一个大学毕业生走上社会后必须学会的课题。初出茅庐人际交往比较单纯，社会上的人际关系相对于学校中的同学关系要复杂得多，一时感觉不适应。事实上，不同的环境对人的影响和要求也不同。

（四）面对不同的文化环境

作为学生，在大学里，学习时间可弹性安排；少许逃课没人管你；有较长的节假休息日；教学大纲提供清晰的学习任务；学术上多鼓励师生讨论甚至争论；布置作业或工作规定时间完成；老师公平对待每一位学生。但作为职业人，在单位里，规定上下班时间，不能迟到早退，经常加班加点，节假日很少，工作任务既急又重；老板通常对讨论不感兴趣，多数老板比较独断；待职工不一定很公平；一切以经济利益为导向；要完成上司或老板交给的一件件具体的实实在在的工作任务等。

总之，大学生找工作难，找到工作后做好工作不容易，工作成果能让上司老板满意更不容易。因此，大学生应充分认识大学生与职业人的根本区别，重视进入职场后的角色转换。

三、适应新环境

大学毕业生尽快完成角色转换。许多毕业生走上工作岗位以后，产生对新环境的诸多不适应，主要表现在心理上、生活上、工作上、人际关系上和工作技能上的不适应。任何人对环境都有一个适应过程，怎样尽快适应新环境呢？

1. 要有良好的心态和心理承受力

社会与学校相比，生活环境、工作条件、人际关系都有着很大的变化，难免使那些心存幻想、踌躇满志的毕业生造成心理反差和强烈的冲突。大学生血气方刚，热情奔放，希望自己处处显色，却总是引不起周围的共鸣，不受重用，甚至遭排斥，倍感失落、郁闷。这时，具备良好心态和心理承受能力是第一位的，要抱着谦虚好学的态度，从基础做起，逐步争取领导和同事的认可，才是成功的开始。

2. 增强独立生活能力

过去经济上靠父母资助，生活上有学校管理，学业上有老师指教；参加工作后，往往要自己处理衣、食、住、行等全部事务，一切靠自理、自立，这是毕业生无法回避的一种能力训练。要学会主动调节生活节奏，养成良好的生活习惯，合理安排自己的业余生活，才能适应新环境。

3. 建立良好的人际关系

走上工作岗位后，人际交往能力的发挥是适应环境的关键。应放下架子去和周围的同事、领导交流思想感情，热心地去和他们交朋友。不善于与人交往，难以沟通，难免将自己封闭起来，以至带来诸多烦恼与痛苦。

4. 培养应对挫折能力

受挫折者胜，逆境成才者大有人在。不要怕受挫折甚至讥笑。很多时候都是自己同自己过不去，画地为牢，缚住手脚。水至清则无鱼，人至察则无友，也许上级领导并非你所想象的那样难处，把别人的“严厉”“难处”当成催化剂，不要偏激地当成一种刁难，或许领导和同事都默默地关注着你，期待着你的成功。

受了挫折怎么办？怨天尤人没有用，自暴自弃只会雪上加霜。最好的办法就是静下心来反思，从挫折中吸取经验和教训，使今后少走弯路。所谓“吃一堑，长一智”，改换视角，收到“触类旁通”之效，对付挫折的高招往往在你的不断应对和总结中。

5. 增强角色意识

社会好比一个大舞台，每个人都有自己的角色位置。毕业生进入新单位后，首先应认清自己在工作环境中所承担的工作角色以及这个角色的性质、职责范围，弄清楚工作关系中上级赋予自己的职权和自己承担的义务。如果角色意识淡漠，一意孤行，我行我素，该请示的擅作主张，该自己处理的事情不敢做主或推给上司、同事，势必与新环境格格不入。

6. 努力成为“复合型人才”

刚步入社会的职业人，一般要经历“新鲜兴奋—观察思考—协调发展”这样一个变化过程。学校培养的是专门人才，而实际工作中碰到的问题往往是综合性的，涉及各学科、多领域的知识。社会需要的是“复合型人才”，因此，要使自己胜任工作、适应环境，只有随时调整自己的知识、能力结构和思想行为方式，才能不因工作中出现困难而止步不前。因为社会不仅看学历和文凭，更看重的是能力。

课堂活动

根据所学内容，分析如何缩短自己的适应期，使自己尽快完成职业角色的顺利转换？

拓展阅读

你无法把香蕉皮骂进垃圾桶

大学阶梯教室里，一场演讲报告会即将开始。主讲人是蜚声海内外的知名教授，海报两天前就贴出去了，反响异常热烈，同学们纷纷赶到现场，要一睹教授的风采。离开讲还有十分钟，学生们纷纷进入会场中，在他们跨进会场的一瞬间，不约而同地发现脚下有一块香蕉皮，在抬腿避开时，都不忘埋怨两句：“是谁这么缺德，一点儿公共意识都没有！”“组织者是怎么搞的？”“现在的人，什么素质？”大家叽里咕噜抱怨着跨过那块香蕉皮，坐到自己的位置上，静等着教授的光临。

几分钟后，教授准时到达。他也发现地上的香蕉皮，扶扶眼镜上前仔细端详。教室里顿时静了下来，大家都伸长脖子，看教授的一举一动。教授看清楚脚下是一块香蕉皮，勃然大怒，指着它大声说：“你怎么可以待在这个地方呢？你应该是在垃圾桶里睡觉！怎么这么没有公德心、没有环保意识，要是有人踩到你摔伤怎么办？你太不像话了！”愤怒让他的眼镜在鼻梁上跳动着，让人一下子想起被小事激怒的唐老鸭，听众席上顿时传来一阵阵笑声。教授没理会，对着香蕉皮继续发火。

听众席上，有学生不耐烦了，大声说：“算了吧！教授，别费力气了，你不可能把香蕉皮骂进垃圾桶的！”教授听了，突然转过头来，满脸红光地笑了，并伸手把香蕉皮捡起来，放进讲台旁的垃圾桶里，用纸巾擦擦手说：“刚才那位同学说什么？能再说说吗？”教室里顿时静了下来，没人说话。

教授说：“我听见了，你不能把香蕉皮骂进垃圾桶的！这就是我今天晚上演讲的题目！”这时，墙上的大屏幕上开始播放同学们刚才入场时的镜头，同学们千姿百态地跨越香蕉皮，版本各异的埋怨声也清晰地传了出来。大家最初哄笑着，慢慢变得鸦雀无声。

教授说：“这是我特意安排的一个环节，我想给大家讲的道理，其实你们已明白并喊了出来。但对你们来说，明白道理是一回事，而用道理指导自己的行为，却又是另外一回事！我相信，在座的几百名同学，没有一个人不懂得香蕉皮是骂不进垃圾桶的，但大家缺乏动一动手，以举手之劳去改变现状的行为。”

第二节　用心做好第一份工作

某高等职业院校毕业生小蔡，在一家食品贸易公司市场调查部上班 5 年了，由于工作表现优秀，业绩突出，多次晋升并涨工资，收入比上一届师哥小赖高出许多。小赖比他早进公司一年多，工作也认真刻苦，但收入却只有小蔡的一半，心里很不服气，认为这肯定是部门领导在背后捣鬼，就找到项目部黄经理讨要说法。

黄经理没有解释什么，只是安排小赖和小蔡一同去食品批发市场进行调研。不久，小赖回来了。黄经理问小赖：“食品批发市场有多少家商铺?”小赖回答说：“有 158 家。”黄经理又问：“有多少家是经营休闲食品的?”小赖跑了一趟市场，回来报告说：“经营休闲食品的有 84 家。”黄经理又问：“有多少家是经营老年保健食品的?”小赖又跑了一趟市场。回来报告说：“24 家经营老年保健食品。”王经理又问：“有多少家是经营方便食品的?”小赖只好又跑了一趟。黄经理又问：“在这 158 家商铺里，哪些商铺生意红火？哪些商铺生意冷淡?”面对黄经理的一个又一个问题，小赖没办法只好跑了一趟又一趟。几次下来，小赖已是气喘吁吁，浑身大汗。黄经理安排小赖坐下休息。

这时小蔡也回来了，黄经理问了小蔡同样的问题，小蔡不仅一一做了详细答复，还详细分析了 158 家商铺中，经营不同类型食品的商铺各自所占的比率，绘制了食品批发市场的示意图，标明了各商铺的位置，并用圆圈图、不同颜色标注经营的不同食品类型、比例。坐在一旁的小赖听完小蔡的汇报，脸一下子就红了。

小赖这下完全明白了，同样是做市场调研，自己是走马观花，而小蔡却是在“用心工作”。

现实之中，像小赖这样工作的人不是少数。工作中，领导会向下属布置工作任务，但不可能具体到每一步该怎样做，怎样才能把一项工作任务完成得更好，这就需要你自己发挥积极性、主动性，用心去思考，把工作中需要做好的方方面面都一一列出来，设计好每一个细节，并认真加以落实，事业成功的大门说不定就此打开了。

一、从小事做起，注重细节

古人云：不积跬步，无以至千里；不积细流，无以成江海。说的就是想要成大事，必须从小事做起的道理。

在工作中，认真做好每一件小事情，反映的就是忠于职业、尽职尽责、一丝不苟、善始善终的职业道德和精神，其中也糅合了一种使命感和责任感。把每一件小事、每一个细节都做到完美，做到无懈可击，才会有机会在工作中铸就辉煌。

在职场中，每一件小事、每一个细节的积累都是今后事业稳步上升的基础。没有做好小事的态度和能力，就成不了大事。在办公室里，每天所做的事也可能就是一些接听电话、整理文件、绘制图表之类的小事。但是如果能够付出热情和努力，一丝不苟地做好这些小事，将来就可能因此而成为部门经理、单位领导、企业老总。反之，如果对此感到乏味、厌倦不已，始终提不起精神，勉强应付工作，将一切都推到“英雄无用武之地”的借口上，那么，自己现在的工作岗位可能会处于岌岌可危的境地。“今天工作不努力，明天努力找工作。”小事情都不能胜任，何谈在大事上“大显身手”呢?

有的人常常想做大事，而不愿意或者不屑于做小事。想做大事的人太多，而愿意把小事做好的人很少。事实上，随着社会的进步和经济的发展，专业化程度越来越高，社会分工越来越细，所谓的大事越来越少。比如，生产一架飞机，共有四百多万个零部件，涉及需要协作生产的企业单位上千家，大多数人平时所做的工作都只是一些具体、琐碎、单调、不起眼的事。这些事也许很平淡，但这就是工作，就是成就大事不可缺少的基础。

“天下难事，必作于易；天下大事，必作于细。”无论做人、做事，都要注意细节，都要从小事做起。一个不愿意做小事、不注重细节的人，是不可能成功的。

二、积极主动，用心工作

工作成就大多是靠认真努力换来的。但是，一个人仅仅是认真工作还不够，用心才能做好。人与人之间的智力差别很小，差别在于个人的努力程度，在于用心程度。

“认真”和“用心”既有量上的差别，更有质上的不同。“认真”体现的主要是态度，是做好工作的基础和前提；而“用心”彰显的是心智，是“认真”基础上的再认真，但又不是简单的叠加和组合，它是在调动全部智慧、潜能、知识、谋略和能力基础上的主观能动性的拓展和张扬。

用心工作是一种态度，更是一种责任。积极主动的员工把心思全部用在工作上。他们往往既能发现工作中存在的问题，更能通过认真仔细研究，找到解决问题的办法。用心做好每件事，这是员工应该具备的职业素养。

有些人做事总是不用心，对工作能敷衍就敷衍、能应付就应付、能逃避就逃避。“粗心、懒散、草率”等字眼，是他们工作的主要表现。以这样的态度去工作，其结果可想而知。

一个人无论从事何种职业，都应该用心，尽自己的最大努力，求得不断地进步。这不仅是工作的原则，也是人生的原则。要成功，要做出骄人的成绩，要成就事业、创造财富，就必须在工作中使出全部力量，尽最大努力把事情做好。

工作是自己的，不是老板的。只有认真工作，才对得起自己。假如由于员工的不认真，造成了用人单位的损失，最后受到最大伤害的，正是员工自己。试想，如果员工让公司损失了一大笔财富，公司还可能继续雇佣这位员工吗?

每个用人单位在招聘员工时，总希望员工具备积极的心态，在工作中能与团队精诚合作，勇于创新。这些品质是一个合格的职业人所必须具备的。在此基础上，优秀的员工还要学会坚持不懈，与公司共命运。只有那种决不轻言放弃的员工，才能取得成功。

一丝不苟地完成自己的本职工作是员工的义务与责任，而要将工作做得非常出色，除了认真负责，还得尽心尽力。只有这样，才能把本职工作完成得更加完美；只有这样，才能在企业中突显不可替代的价值，获得更多成功的机遇。

我们常常认为只要准时上班，按时下班，不迟到，不早退就是工作用心了，其实这些都只是停留在工作的表面。工作用心的员工从不等待、推诿，总是力争把工作做到最好，让自己的工作为企业争取最大的收获。在工作中，如果我们能够像小魏那样用心负责，就一定能够成就一番事业。只要用心工作，我们也可以做得更好。

也许有的人觉得自己的工作极其简单、琐碎，毫无创造性可言，因而工作时总打不起精神。但是，就在这极其平凡的、极其琐碎的工作之中，往往蕴藏着巨大的机会。只要把工作做得比别人更迅速、更正确、更完美，调动自己全部的精力，从中找出新的方法来，就能引起别人的注意，得到老板的赏识。这一切，都需要你积极主动、用心去做。

成功者和失败者的区别就在于：成功者无论做什么工作，都会积极主动、用心去做，并力求达到最佳的效果，不会有丝毫的放松；失败者在做工作时，却常常轻率敷衍、得过且过。

现在的工作，拼体力的不多，比脑力的不少。用人单位最需要的员工，不是仅仅去执行，还要有创意、有应变能力，能帮助单位解决实际问题。一个人用心工作就是对事业有激情，就肯花时间、肯动脑筋、肯耗精力去想、去做、去研究、去琢磨自己的工作。只有在工作中尽最大的努力，发挥最大的潜能和主观能动性，做出的事情才会达到自己的最高水平。

一个人对工作积极主动，对事业用心，就能敢于创新，面对困难才能百折不挠。只有淡泊名利、忘我工作，把奉献视为崇高的精神追求，才能在平凡的工作岗位上创造出不平凡的业绩。

拓展阅读

一个小和尚担任撞钟一职，每天都能按时撞钟，但半年下来住持却很不满意，就调他到后院劈柴挑水，说他不能胜任撞钟一职。小和尚很不服气地问："我撞钟难道不准时、不响亮?"老住持耐心地告诉他："你撞钟虽然很准时，也很响亮，但钟声空泛、疲软，没有感召力。钟声是要唤醒沉迷的众生的，而我却没有听到这样的声音!"小和尚不过是"做一天和尚撞一天钟"而已，并没有融入一颗"唤醒众生"的心。

三、面对困难不退缩

在日常工作中，人们每天都会遇到许多问题，遇到问题时该怎么面对呢？比如领导布置了一项棘手的工作任务，是勇敢想办法去解决，还是找借口回避拖延呢？如果想办法，再艰巨的任务也有完成的可能；但是如果只是一味找借口，那任务绝对完不成。一流的人找方法，末流的人找借口。一件事，若不做就不会知道能不能做成。"只要精神不滑坡，方法总比问题多。"虽然很多人只是众多普通员工中的一员，但是只要以积极的态度对待每一件事，认真地找方法把每一件事情解决好，就会因为在困难面前永不退缩、努力寻找解决方法而脱颖而出。

任何工作首先要求的就是认真负责的态度，找借口是逃避责任的表现。错了就错了，勇敢承担起来，从自身找原因，提醒自己下次不要再犯。如果总是为失败找借口，那永远都不会成功。不要为自己的不专业寻找任何借口，这个世界上不存在不专业的工作。任何一个优秀的员工，在自己的工作面前都应是专业、认真并负责任的。

在现实中，总有一些员工容易满足现状，他们希望上司对自己的要求越低越好，于是经常为自己的工作质量的不完美寻找借口。到最后，找借口会成为一种无法摆脱的恶习，会让人变得不思进取，一些力所能及的事情也会因此成为一项很难完成的工作，当一个员工开始制造和借助一个又一个的借口来掩饰自己的失误并推卸自己的责任的时候，其事业的失败和沉沦就开始了，结局一定是可想而知的。所以，要想成为一个成功者，就不要为自己的失败寻找借口。

第三节　做合格的职业人

小赵大学毕业后，刚到一家公司上班不久，就觉得这家公司与自己理想中的企业相差太远。比如，上班必须穿工装，工作时间不能闲聊，不得做与工作岗位无关的事，每个工作日早上有一个早会布置工作，每天下班前要将当天的工作小结输入电脑等，约束太多，规矩太多，他觉得难以适应。于是，他常发牢骚，工作积极性也不高，还没等到自己真正了解这家公司，就被炒了鱿鱼。当他再次在求职路上奔波，没找到更好的工作时，心中感到有些后悔。他后悔自己没能好好珍惜来之不易的工作机会，认真工作，争做一个合格的公司员工。

很多职场新人像小赵一样，在进入公司后，用学生的眼光看待企业，对企业现状不满，接受不了企业的“规矩”和约束，没有耐心适应企业，了解职场文化，努力做一个合格的职业人。其实，该案例中的早会和每天小结等规定和制度，对职场新人学习知识和技能，尽快适应企业具有非常重要的作用。同时，每个企业都有优势和劣势，作为职场新人，最重要的是调整心态，学会适应新的环境，快速融入企业，找到自己合适的位置，努力做合格的职业人。

一、培养良好的工作习惯

查尔斯·杜希格的《习惯的力量》一书中，有这样一段话：“人每天的活动中，有超过40%是习惯的产物，而不是自己主动的决定。虽然每个习惯的影响相对来说比较小，但是随着时间的推移，这些习惯综合起来却对我们的人生有着巨大的影响。”甚至可以说，习惯的优劣，决定着我们将成为怎样的人。

美国康奈尔大学的科学家曾做过一个温水煮青蛙实验：将一只青蛙放进热水中，青蛙一碰热水就会立即奋力一跃，从锅中跳出逃生；又尝试把这只青蛙放进装有冷水的锅里，青蛙如常在水中畅游，然后科学家慢慢将锅里的水加热，直到水烫得无法忍受，青蛙再想跃出水面逃离危险的环境时，却已四肢无力，最终死在热水中。

在现实生活中，有的人对工作敷衍了事，养成了成天上网聊天、看手机、玩游戏的习惯，对工作则能凑合就凑合，这些人难道不正如沉溺于逐渐升温的热水中的青蛙吗?

不良的工作习惯看似小事，但长此以往，会慢慢消磨意志，削弱人的竞争力，使人失去专心致志完成重要事情的能力，阻碍事业的发展。

养成良好的工作习惯，使人工作时倍感轻松，没有压力，习惯成自然。养成良好的工作习惯，先为习惯工作，然后习惯为我而工作，使人受益终生。习惯改变命运，养成良好的工作习惯，使人更容易成功。我们只有养成良好的职业习惯，才能成为一名合格的职业人。

作为职场新人，高校毕业生如果想成为一个事业成功者，就应该从走上工作岗位开始，努力培养良好的工作习惯。

（一）养成时间管理的习惯

我们每天的时间都包括四个部分：生活时间、工作时间、学习时间和休闲时间。合理安排每天的时间，养成良好的时间管理习惯，可以提高工作效率。

时间管理就是用技巧、技术和工具帮助我们更有效地利用时间来完成工作任务，实现职业目标。时间管理除了帮助我们决定每天该做些什么事情，如何花时间去完成它们之外，另一个很重要的目的就是帮助我们决定什么事情不应该浪费时间去做。

通常人们浪费时间的原因包括：

① 缺乏明确的目标，盲目行动；

② 办事拖延，缺乏条理；

③ 简单事情复杂化，抓不住重点；

④ 注重过程不重结果。

根据上述浪费时间的原因，职业人需要掌握以下时间管理的方法并长期坚持，形成时间管理的好习惯：

（1）明确目标和行动计划。

（2）杜绝拖延，马上行动，按时限要求完成工作任务，绝不拖延。该做的事情如果一拖再拖，则到完成工作的最后时限必定手忙脚乱，无法保质保量完成。

（3）分清轻重缓急，抓住重点。

（4）今日事，今日毕。养成良好的工作习惯。

（5）追求零缺点工作，一次性把事情做好。

（6）做事要有条理。文件和物品存放也要有条理，就不会在找东西上浪费时间。

（7）养成快速的工作节奏，提高时间利用率，甚至带动别人也提高工作效率。

（8）要懂得拒绝和说“不”，不要让别人浪费你的时间，更不应该在无谓的交往中浪费自己的时间。

（9）善于利用时间碎片。等车、排队、走路等时间，可以用来背单词、打电话等。无论如何，都要把那些可以利用时间碎片做的事先准备好，到你有空闲的时候有计划地拿出来做。

（10）加强业余时间管理。人与人之间的差异最终在于业余时间如何利用，利用好业余时间，加强业余时间的管理，可以确保心情愉悦地投入工作。

知识链接

博恩·崔西的时间管理21原则

1. 目标

制定事业、健康、工作、财富、成就、自我成长等方面的目标。问自己三个问题：如果自己有100万，会订立什么目标？如果自己只剩下6个月的生命，会订立什么目标？假设自己做什么事情都不会失败，会订立什么目标？明确写下你的目标。

2. 计划

事先规划好行动。制定目标—列出行动步骤—每天执行—经常修正。

3. 分析

提前列出工作内容，核对工作进度。做重要的事情、处理紧急事件，其他事情可以有效授权给合适的人去做。

4. 设定优先顺序

二八定律：用80%的精力做20%最重要的事情，用80%的时间来处理会影响到未来的事情。

5. 专注力

不值得做的事情，一分钟都不要去做。一次只做一件事情。一般认为，至少持续工作一个小时才能处理一件比较重要的事情。如果中途被打断，所耗费的时间至少是持续工作的5倍。

6. 时间期限、奖励

帕金森定律：事情总是会拖到最后1分钟完成。有可能在2个小时完成8个小时的工作，需要压缩、紧凑时间。不要把2个小时的工作拖到8个小时完成。完成一个分段目标，应该给自己一个奖励，产生持续的行动力。

7. 工时记录

成功的人至少以半个小时来计划时间，甚至计划到分钟。每天衡量、检讨、修正自己的时间运用，在有意识的时间里记下自己此时此刻在做什么。

8. 不要故意拖延

不停地对自己说："立刻去做！立刻去做！立刻去做！"培养紧急意识。

9. 授权

尽可能在每一件不重要的事情上授权。授权时要明确：一是告诉被授权人，你想得到什么样的结果；二是要挑选一个正确的人进行授权；三是希望被授权人做什么，什么时候完成，并要随时核查完成进度。

10．会议

一是要明确会议的目标，要达到什么目的；二是1个小时以上的会议必须提前下发会议议程；三是优先处理重要的事情；四是准时开始，准时结束。

11．干扰事件

尽量避免被电话、人和突发事件干扰。

12．关键成果领域

自己适合做什么事情，要完成什么有价值的工作，希望得到什么样的效果。

13．分批作业

累积、集中处理同类事情。如集中回复几通电话、集中批阅文件等。不要回一通电话，批阅一份文件，授权一件事情，再回一通电话。

14．整洁

Traf系统，其中，T——丢弃：把不用的档案丢进垃圾桶；R——转手：把事情转手给不同的人去处理；A——行动：马上就做；F——存档：把有用的、已处理完毕的档案归档，并做好记录。

一个重要原则：东西用完后要放回原处，减少寻找时间。将工作档案系统化集中放置。

15．连续工时

持续不断，不要停止，直到完成。创造性、行政性的工作分开做。

16．利用零散时间

充分利用交通、休息、等人等零散时间；随身带书看或听录音。

17．电话

说要说的话，长话短说，做好电话记录，随身携带纸笔。

18．准时

提前15分钟到场；集中注意力；做笔记备忘。

19．简化工作

把工作系统化、简单化，寻找更好的办法。其重要原则是时间做长一点，做快一点；不要做太多的事情，只做最重要的事情，做最拿手的事情；尽量少犯错，第一次就把事情做对，减少修改时间；利用团队的合作力量，团结处理。

20．不

学会说“不”，并尽早、经常运用。

21．平衡

自己的时间也要注意分配给家庭成员、朋友、社会等。不与家人沟通、不参加朋友聚会、不关注社会的做法都不可取。

（二）养成计划管理的习惯

工作必须制订计划，包括日计划、周计划、月计划、季度计划、年度计划。

将每日要做的工作事先列出一份清单，排出优先次序，确认完成时间，以突出工作重点，避免遗忘。每天坚持上班第一件事制定“待办单”，对每天所要做的工作逐条列出，并为应对紧急情况预留出必要的时间，记录工作完成进度。每天下班前十分钟，检查今天工作计划完成情况，并列出明天的工作安排。

每周末做出下周工作计划，每月末做出下月工作计划，每季度末做出下季度工作规划，每年末做出下一年度工作规划。合理计划是实现目标的前提，没有人计划要失败，却有许多人失败于没有计划。

（三）养成工作目标管理的习惯

要有明确的目标。有目标，就有了方向和动力。一个人没有明确的目标，就不知道该做什么、该怎么做，自然无法获得成功。

目标设置的原则：

（1）有挑战性的。必须经过一定的努力，目标才能达成。

（2）有时间期限的。目标达成应有明确的时间限制。

（3）具体的。用具体的语言清楚地说明要达成的目标内容。

（4）可度量的。有一组明确的数据，作为衡量目标是否达成的依据。

（5）现实的。在现实条件下具有可操作性和可行性。

（四）养成写工作日志的习惯

工作日志是对每天工作情况的记录和总结。工作日志中一般应列出日期、工作内容、完成情况、问题与经验、明日任务等项目。写工作日志，可以及时记录每天的工作情况，清楚地知道每天的工作内容，梳理工作条理，增强思维的逻辑性，培养严谨的工作作风。工作日志简表如表 7 -1 所示。

表 7 -1　工作日志简表

日期	工作内容	完成情况	问题与经验	明日任务

（五）养成延长工作时间的习惯

许多人对这项习惯不屑一顾，认为只要自己在上班时间提高效率，没有必要再加班加点。实际上，延长工作时间的习惯培养的是管理者素质。管理者有大量的事情不是在上班时间出现，也不是在上班时间都能解决的，如为了完成一项工作计划晚上需要在家加班，为了理清工作思路需要在周末查找资料，为了获取信息需要在业余时间与朋友联络。这些都需要从业者根据需要随时为单位工作。而从业者所做的这一切，表明他在用人单位的工作是称职的。

（六）养成自愿承担艰巨任务的习惯

公司的每个部门和每个岗位都有自己的职责，但总有一些突发情况带来的工作任务，无法明确地划分到某个部门或个人，而这些任务往往是比较紧急或相当重要的。如果想成为一名合格的员工，就应该从维护单位利益的角度出发，积极去处理这些事情，完成额外工作任务。多承担一些任务是锻炼自己能力的难得的机会。这种勇挑重担的工作习惯和敬业精神，定会得到同事和单位领导认同，自己的能力得到了提升，工作经验也将更加丰富。

（七）养成工作时不闲谈的习惯

职场人士可能因为工作效率很高，工作很累，所以需要放松。但放松时一定要注意，不要在工作时间做与工作无关的事情，比如最常见的闲谈。在公司，并不是每个人都很清楚其他人目前的工作任务和工作效率，但闲谈只会让人感觉闲谈者很懒散或不重视工作。

良好工作习惯的养成需要持之以恒，挑战自我。好习惯有利于我们的学习、生活和工作，好习惯将助于我们更快取得事业成功，好的工作习惯会使人终身受益。

二、构建和谐的人际关系

在工作中，我们不可避免地要与同事、领导、同行、客户等不同的人打交道，无论在哪方面的人际关系出现问题，都会直接影响到工作情绪，继而影响到工作业绩。反之，处理好了职场人际关系，则会推动工作的顺利开展，甚至有助于晋升。处理好职场人际关系是成功迈出职业生涯的重要一步。

（一）如何构建和谐的职场人际关系

几乎每一个人都懂得人际关系在生活和工作中的重要性。初入职场的高校毕业生该如何构建和谐的职场人际关系呢?

1. 真诚待人

真诚是打开别人心灵的金钥匙，与人沟通，贵在真诚。在人与人的相处中，很多时候我们都会想通过和对方交谈，建立起良好的友谊、合作关系。然而，往往有很多时候，我们都会心生戒备，在很多情况下缺少与人沟通交流的主动性，这就需要我们将陌生人变成熟人，用真诚来打动对方，将被动转变为主动，让对方在愉快的状态下与自己交往。

2. 尊重他人

尊重本单位领导、同事、下级以及工作交往中的任何人的人格、爱好与习惯。尽管不同的人在性格、气质、知识、能力、职位等方面存在很大的差别，但在人格上大家都是平等的。尊重他人才能得到他人的尊重。尊重别人的人格，听取意见要真诚、谈话交流要有礼貌并掌握分寸。

3. 欣赏他人

欣赏别人不仅是对别人的一种尊重和鼓励，更是对自身品质的一种检验和提升。不管是亲人、朋友还是同事，我们都可以从他们身上找到值得学习、借鉴的地方，来弥补自身的不足，发掘自己与他人的差距，激励自己、鞭策自己，提高修养水平，将带给自己更大的生活信心和精神力量。

4. 平等待人

人生在世，尽管在权力、地位、财富方面存在着不平等，但在人格、生命、健康快乐、幸福等方面都是平等的，尤其是每个人的尊严都同样神圣不可侵犯。在工作、生活中，要谨言慎行，学会与人平等相处，平等对待他人，尊重他人的人格尊严。

5. 团结合作

与同事相处得如何，直接关系到自己的工作、事业的进步与发展。同事之间关系融洽、和谐，会令人感到心情愉快，有利于工作的进行，从而促进事业的发展；反之，同事关系紧张，相互拆台，经常发生摩擦，就会影响日常的工作和生活，阻碍事业的正常发展。

首先，学会沟通。同事之间的良好沟通，可以使你左右逢源。在工作中，遇事应先打招呼，以减少误会，加深理解，增强信任。沟通之后，必须言行一致、信守承诺，这样彼此之间才会形成某种默契，有利于工作的开展。

其次，学会倾听。人与人之间都有相互了解、理解，相互信赖和支持的愿望。倾听是人与人之间相互了解的重要途径。因此，如果希望自己被他人了解，就先得学会听他人的倾诉。只有愿意了解他人的人，他人也才愿意了解你。

6. 避免冲突

在职场中应尽量避免与他人产生矛盾，不忌妒他人取得的成绩和进步。一旦与人发生冲突，应该对事不对人，尽量控制自己的情绪，缓和气氛，积极化解矛盾，冷静处理意见分歧。发生冲突后，应主动开口打破僵局，态度诚恳，敢于承担责任，多做自我批评；遇到有隔阂的同事时，更应积极主动问好，热情打招呼，以消除冲突所造成的阴影，给其他同事留下不计前嫌、处事大方的印象。

7. 处理好与领导的关系

主动与上司多沟通，以大局为重，尊重领导，维护领导形象。尽量与领导保持一定的距离，如果不小心在工作中犯了错误，要敢于向领导诚恳认错，不能遮掩、隐瞒，不要企图蒙混过关。

构建和谐的人际关系不是一劳永逸的，而是一个动态变化的过程，需要我们善待每一个人，随时随地从细处着眼、小处着手，把处理好人际关系摆在首位，落在实处。在工作中，一个拥有良好人际关系的员工，必定会在职场中脱颖而出。因为他比别人更容易克服工作中遇到的困难，从而拥有了更多的发展机会。

（二）职场人际交往的禁忌

1. 自我吹嘘

自我吹嘘是不受欢迎的，即使是你的优点，自我吹嘘也会起到适得其反的效果。自己的优点、成绩最好由别人去说，这符合中国人自谦的性格。

2. 强词夺理

有的人喜欢争辩，有理要争理，没理也要争三分。其实，同事、熟人之间的讨论，如果无关原则立场，退一步又何妨？须知退一步海阔天空。

3. 有事不通报

有些事情，尤其是关系到大家的事情，你先知道了，最好相互通报一下，不要总是一个人藏着掖着。

4. 热衷于探听别人的私事

对于别人不愿意说的私事，最好不要刻意去打听。打听别人的隐私，会让别人感到很不愉快。

5. 过度吹捧同事、领导

同事之间的适度奉承，能够起到润滑人际关系的效果，但是如果过度，就成了拍马屁了，尤其是过度吹捧领导，会令人反感。

6. 喜欢“咬耳朵”

同事之间的关系需要平衡。如果你经常“咬耳朵”，会让其他同事感受到疏远，并且有搞小团体之嫌。

7. 进出办公室不打招呼

进出办公室，最好和同事打个招呼，这既是共同工作的需要，也是联络感情的需要，表明对同事的尊重与信任。

8. 过于自我保护

有些私事不能说，但有些私事说说也没有什么坏处。什么也不说，什么也不让人知道，信任就不容易建立，因为信任是建立在相互了解的基础之上的。

9．拒绝相互帮助

同事之间，难免会有事相互求助一下。如果可能，最好帮一下，千万别“拔一毛利天下而不为”。

10．拒绝与同事分享

同事有好事主动与你分享，千万不要拒绝别人的好意，坦然接受即可。当然，有机会，你也千万别忘了与同事一起分享自己的喜悦。

三、追求职业成功

（一）职业成功的标准

在人生旅程中，人人都希望成功，而职业成功是人生成功的关键。对于想追求事业成功高校毕业生来说，了解和把握职业成功的规律是非常有必要的。

什么是职业成功，如何才能获得职业成功，是人们普遍关心的问题。我们所处的时代是人人追求职业成功的时代，也是一个成功标准多元化的时代，用一元化的职业成功标准来衡量所有的人，是难以被认同的；同样，想找到适合所有人的职业成功路径也是徒劳的。但这并不意味着职业成功没有规律可循。通常，职业成功是指一个人所累积起来的、积极的、与工作相关的成果或心理上的成就感。

职业成功的标准是人们对职业成果意义的认识和评价，它取决于人们自身的需要和愿望。既然人的需求是多种多样的，人们对职业成功的评判标准就必然是多元化的。西方学者一般将职业成功分为客观成功和主观成功两部分。职业成功的客观指标包括总体报酬、晋升次数和其他能表示个体成就的外部标志；主观职业成功是个体所感受到的对工作和职业发展的满意程度。当我们越是关注职业成功的主观标准时，职业成功标准的多元性特点就越明显。一般来说，职业成功的标准通常有以下几种：

（1）财富标准。通过工作获得更多的经济回报，发财致富是现代人成功的标志之一。

（2）晋升标准。职业成功就是晋升到组织等级体系高层或者在专业上达到更高等级。

（3）安全标准。渴望长时间的稳定工作，以获得职业上的安全。

（4）自主标准。强调职业成功就是在工作中自主自由，对职业和工作有最大限度的控制权。

（5）创新标准。标新立异，做别人没有做过的事情。

（6）平衡标准。在工作、人际关系和自我发展三者之间保持有意义的平衡。

（7）贡献标准。对社会、组织、家庭做出突出贡献。

（8）影响力标准。在组织中、行业内、社会上有足够影响力，能够改变他人的心理和行为。

（9）健康标准。在繁重工作的压力下能依然保持身心健康。

上述职业成功的标准并不是完全独立、相互排斥的。在每一个人的心目中，职业成功的标准是一个有层次的结构，与其内在的需求体系相对应。

职业成功标准的多元性还体现在个体职业成功标准的阶段性上。在职业生涯发展的不同阶段，人们所面临的任务不同，追求不同，对职业成功评价的标准也会不尽相同。一般来说，在职业生涯的早期，因养家糊口、成家立业需要一定的物力和财力，人们可能更注重财富标准；到了职业生涯的中期，人们可能会更关注职业发展的机会、家庭与工作的平衡、自我价值的实现，因而晋升标准、平衡标准、贡献标准等可能更受到重视；而到了职业生涯的晚期，临近退休，人们则更强调安全、有保障，因而安全标准可能成为最重要的职业成功标准。

总之，职业成功很难用一个绝对的标准来衡量。职业成功作为一个评价性的概念，不论从哪个角度对成功做出评价，都是与评价者个体的职业价值观紧密联系在一起的。从某种意义上说，讨论职业成功的标准问题，实际上是在探讨职业成功的价值观问题。

探讨职业成功标准的目的不是去寻找一种人人认同的客观标准，而是去关注不同的人们怎样定义职业成功，这种定义又怎样影响着人们的职业行为。对于个人而言，应厘清自己的内在需要，正确定义自己的职业成功标准，而不应盲目攀比、追求时尚，以免在职业生涯的旅途中迷失方向。

（二）职业成功的条件

鲜花和掌声一直都是成功的点缀，每个人内心里都涌动着渴求成功的暗流。歌手渴望“站在这舞台，听到掌声响起来”；学生渴望考试成功，以使老师和家长赞许的目光在自己身上停留和定格。现在的大学生虽然已经不再有昔日“天之骄子”的光芒，但是，一旦走出校园步入社会，有的人还是雄心万丈，豪情满怀，“天生我材必有用”，渴望用成功来证明自身价值。

职业成功需要个体具备一定的素质和条件。人的一生不可能总是一帆风顺，困难和挫折会不停地向人们发起挑战，成就自己的职业理想和取得事业成功需要付出很多努力，有时还需要在困境中探索，走迂回曲折的道路。

1. 积极心态是职业成功的基础

积极心态是一种对任何人、任何情况或任何环境所保持的正确、诚恳而且具有建设性，同时不违背法律的思想、行为或反应。积极心态具有改变人生的力量。面对工作、问题、困难、挫折、挑战和责任，拥有积极心态的人会积极采取行动，努力去做，把工作、生活中的一切当作一种享受的过程。

拓展阅读

成就你的十大积极心态

一是执着，对个人、企业和团队目标、价值观持坚定不移的信念。

二是挑战，勇敢地挺身而出，积极地迎接变化和新的任务。

三是热情，对自己的工作及公司的产品、服务、品牌和形象具有强烈的感情和浓厚的兴趣。

四是奉献，全心全意完成工作或处理事务。

五是激情，始终对未来充满憧憬和希望，全力以赴地投入工作。

六是愉快，乐于接受，微笑，快乐，并分享成功。

七是爱心，助人为乐，常怀感恩心态。

八是自豪，因为自身价值或团队成绩而深感荣耀。

九是渴望，具有强烈的成功欲望。

十是信赖，相信他人和集体的素质、价值和可靠性。

2. 明晰目标是职业成功的前提

成功的道路是由目标铺成的。目标，顾名思义就是目的和标准。没有目标，就好比登上了一只无舵无桨的小船，不知目的地是何方，只能随波逐流。没有目标就没有动力，也就无所谓成功。人们只有有了明确的前进目标和方向，才能找准自己的位置，才能有坚强的意志去克服千辛万苦和艰难险阻，在奋斗中实现自己的人生价值。

目标像分水岭一样，轻而易举地把资质相似的人们分为少数的精英和多数的平庸之辈。前者主宰了自己的命运，后者随波逐流而枉度一生。新东方董事长俞敏洪说过：人生的奋斗目标不要太大，认准了一件事情，投入兴趣与热情坚持去做，你就会成功！

3. 马上行动是职业成功的保证

好的目标需要靠行动去实现，没有行动的梦想就仅仅是幻想而已。机会总是垂青那些已经付诸行动的人，在成功面前，没有行动，一切都是等于零；

通常，人们在做事情之前，都会仔细考虑，好好想想为什么要做？该怎么做。但是，仅靠想象不能改变现实，想得过多，往往会使事情变得更糟，适得其反。因为，不付诸行动，只有想象和思考，只会在原地踏步，就像石雕人，哪儿也去不了。

马上行动要优于单纯的思考，立即行动比总停留在分析、思考研究上要好。一个没有行动的人当然不会犯错，害怕失败，担心丢脸，这是有些人一直没有开始行动的原因。实际上，事情可能远没有想象的那样糟糕。唯有立即行动起来，才能克服恐惧，才能成就事业和梦想。

任何成功必须付诸行动才能获得，行动创造价值，赢得收获。

拓展阅读

两个去南海的和尚

在四川的偏远地区有甲、乙两个和尚。有一天，甲对乙说“我想到南海去，您看怎么样?”

乙说“你凭什么去呢?”

甲说：“我一个水瓶，一个饭钵足够了。”

乙说：“我多年来就想租条船沿着长江而下，现在还没有做到呢，你凭什么去?”

第二年，和尚甲从南海归来，把到过南海的事告诉和尚乙，和尚乙深感惭愧。

这个故事告诉我们思来想去不如马上行动，决定的事情马上去做，一百次心动不如一次行动!

4. 方法正确是职业成功的捷径

成功是通过努力或付出做成一件事情或达成一个目标的结果或状态。人人都向往成功，都在寻找成功的方法，并为成功而努力。

人人希望事半功倍，人人渴求少走弯路。你当然可以花十年、二十年，甚至穷尽毕生的精力和时间，自己慢慢地摸索成功之道，但这毕竟不是最好的方法。成功最重要的秘诀之一，就是懂得利用已经证明有效的成功方法。已经证明有效的成功方法在哪里？在成功人士那里。因此，向成功人士学习成功的方法，是追求成功的捷径。

（1）简单。很多人往往喜欢把事情搞得很复杂，很烦琐。其实，当我们把事情做得异常复杂的时候，往往是因为我们的智慧还没有真正到位。成功者都是能认清并抓住事物的本质而追求简捷的人。成功的人只认准一个目标，矢志不渝地坚持做下去，而非一次想做成许多事情。

（2）重复。成功就是简单的事情重复做。人们所追求的成功，不是一步到位就能实现的。一个小的成就也许只需一两次的行动就能达成，而要取得巨大的成就，那就得不断重复成功的方法和动作。“重复”看似很枯燥的行为，但却是成功的捷径。重复需要坚持，重复需要毅力，重复还需要耐心和信心。只要长期坚持，始终如一，成功离你就不远了。

（3）模仿。模仿实质上就是“借力”，是走向成功的最好方式之一。在缺少成功经验、方法，找不到成功方向的时候，模仿成功者，学习成功者，不失为一条捷径。模仿是一种比较机械的学习，开始不免有照抄照搬之嫌。但为了更好地获得成功，在模仿的基础上，还需要创新和发展，更需要有自己的特色。我们可以学习成功者经验和方法，还可以借鉴成功者的模式，但这终究不是我们想要的最终结果。在瞬息万变的大千世界里，创新发展，展示个性魅力始终是时代的主旋律。因此，在模仿的过程中，要不断推陈出新，超越自我和竞争对手。

5. 坚韧的毅力是职业成功的动力

毅力就是意志力，是人们为了达到预定的目标而自觉克服困难、努力实践的一种意志品质；毅力是人的一种“心理忍耐力”，是一个人完成学习、工作、事业的“持久力”。当它与人的期望、目标结合起来后，它会发挥巨大的作用。在所有的成功者中，坚韧的毅力起着决定性的作用；而对失败者来说，缺乏毅力几乎是他们共同的毛病。毅力会帮助我们克服恐惧、沮丧和冷漠；会不断地增加我们应付、解决各种困难问题的能力；会将偶然来的机遇转变为现实，能帮助我们实现他人实现不了的理想。

6. 不断创新是职业成功的源泉

21 世纪是以知识创新为动力的知识经济时代。创新是灵魂，谁在知识创新中领先，谁就能在经济竞争中占据优势。习近平总书记在 2016 年全国科技创新大会上明确指出：“科技是国之利器，国家赖之以强，企业赖之以赢，人民生活赖之以好。中国要强，中国人民生活要好，必须有强大科技。”社会经济的发展、科学技术进步都离不开创新与创新思维的驱动。没有创新就没有今天的物质文明、精神文明、制度文明和生态文明。只有依托创新与创新思维能力，才能有效解决实际工作中的难题，才能充分展示个人的才华，在实际工作中增长才干，做出工作成绩，最终实现人生的价值。

职场故事

英国一个不出名的小镇里，有一个叫玛格丽特的小姑娘，自小就受到严格的家庭教育。父亲经常向她灌输这样的观点：“无论做什么事情都要力争一流，永远做在别人前面，而不能落后于人。即使是坐公共汽车，你也要坐在前排!”

对年幼的孩子来说，父亲的要求可能太高了，但他的教育在以后的日子里被证明是非常宝贵的。正是因为从小就受到的父亲的“残酷”教育，才培养了玛格丽特积极向上的态度和决心。在以后的学习、生活或工作中，她时时牢记父亲的教导，总是抱着一往无前的态度和必胜的信念，尽自己最大努力做好每一件事情，事事必争一流，以自己的行动实践着“永远坐前排”的教诲。

44 年以后，英国乃至整个欧洲政坛出现了一颗耀眼的明星，她就是 1979 年成为英国第一位女首相、雄踞政坛长达 11 年之久、被世界政坛誉为“铁娘子”的玛格丽特·撒切尔夫人。

“永远都要坐前排”是一种积极的人生态度，这种态度使人激发出一往无前的勇气和争创一流的精神，从而获得成功。

思政之窗

“我的梦·中国梦”

“我的梦·中国梦”是职业生涯规划的主线，规划职业生涯的过程，就是把“我的梦”融入“中国梦”的过程，就是在“中国梦”中把握实现“我的梦”的机遇的过程，就是有梦、追梦的过程。

“三百六十行，行行出状元。”习近平总书记在中国共产党第十九次全国代表大会上，强调“把人民对美好生活的向往作为奋斗目标，依靠人民创造历史伟业”，这言简意赅地解读了“我的梦”与“中国梦”之间的辩证关系。他还明确指出，现在是“全面建成小康社会决胜阶段、中国特色社会主义进入新时代的关键时期”。经济社会发展为每一位有理想、有追求的青年人获得职业生涯成功提供了良好机遇。但成功没有偶然，更无侥幸。职业生涯的成功，需要点亮心灯，知道自己的起跑点和目的地，用最适合自己的方式，脚踏实地地向目标攀登；需要了解家乡所在地区的经济发展特点，了解所学专业相关行业的发展趋势，要把个人的职业生涯发展和祖国的繁荣富强融为一体；需要以自立、自强、自信的心态对待未来，奋发图强，拼搏向上；需要明白“一寸光阴一寸金，寸金难买寸光阴”，抓住现在，瞄准未来，调准自己生命的时钟。

（资料来源：人民网）

思考与训练

1. 案例分析

【案例一】

职场新人小李去拜访大学负责就业指导的张老师。张老师见了年轻人很高兴，就询问他的近况。这一问，引发了这个年轻人一肚子的委屈。

小李说：“我对现在做的工作一点都没有兴趣，这个工作与我学的专业也不相符，整天无所事事，工资也很低，只能维持基本生活。我运气不好，什么样的好运都从未降临到我头上的。现在，我没有什么事情可做，又找不到更好的发展机会。

假如你就是张老师，针对小李的问题和困惑，请给出你的合理化建议。

【案例二】

一名刚大学毕业的女生，好不容易找到了一份工作。但是，由于经验不足，能力欠缺，在工作中出现失误，受到经理严厉批评。她很不开心，没心思工作。有人问她：“你为什么不开心？”她回答说：“经理骂我了。”又问：“你是不是工作没做好？”她说：“即便工作没做好，他也不应该对我这样态度恶劣，我长这么大，爸爸、妈妈都没对我大声喊过！”再问：“那你希望怎么样？”她说：“希望我下次再犯错时，经理的态度能好点儿！”

（1）这名大学生的话意味着什么？

（2）作为从业者，应该具备什么样的心态？

2．探讨回答

（1）为什么有的人经历丰富，专业扎实，求职却屡屡碰壁？

（2）你认为什么样的人能够得到上司的赏识和重用？

3．课后反思

（1）寻找你生活中的成功和失败事例各一个。分析成功和失败的最重要的主观原因，把这些原因一条条清晰地写下来。

（2）思考一下你个人有什么好习惯和坏习惯，并一条条清晰地分别写下来。

4．实际操作

制订一份良好行为习惯养成计划表，并坚持执行，时间不少于三个月。

第八章　大学生自主创业

学习目标

1. 了解大学生自主创业的内涵与意义。
2. 掌握自主创业的相关实务。
3. 了解企业管理的相关知识。

案例导入

“出名要趁早，创业也是。它可以压缩很多时间，快速成就自己。”刚刚走出校园的赵函，一头就扎进创业的浪潮之中。出生于1990年的她，如今已经是一个8年的“创业老兵”。自从创业以来，她便很少零点之前入睡。

早在学生时代，创业的想法就在赵函心中扎下了根。2011年，为了积累初始资金和企业资源，对代工厂十分了解的赵函，决定先从代工厂的需求出发做一家互联网公司，为工厂提供定制化的技术服务，包括订单、库存和广告营销等管理服务。

2014年，赵函以女性内衣裤作为切入点，创立品牌“薄荷柠檬”。刚开始，她通过朋友圈售卖产品。由于价格低，品质又有保障，产品在朋友圈迅速积累起很好的口碑。“回购率达80%，转介绍比例接近50%。”

服装是一个规模效应非常典型的行业，在没有起量的前提下，亏本是必然的。2016年，为了维持现金流，她一咬牙将自己房子卖了。

2017年年底，赵函的项目获得600万元投资。她注册了新公司“凡本家居”，品牌名依旧沿用“薄荷柠檬”。赵函感慨，在做互联网公司时，自己的性别和年龄是优势，转型成为一家服装品牌商的时候，这些就成为劣势。“你一黄毛丫头能怎样？现金流够吗？”这是她听到最多的话。为了打消客户的顾虑，在拜访客户的时候，她都会选择让运营总监陪着一起过去，她则扮演着“跟班”的角色。

到了2018年9月，赵函积累到了足够的贴身产品品类，已经做好了开设线下门店的准备。为了避开一线城市激烈的竞争环境，她选择二线城市苏州，作为第一家线下门店的开拓地。仅用了半年时间，“薄荷柠檬”便在苏州开了7家线下门店。赵函透露，2019年，她将计划把线下门店开到30家左右。在整体战略上，公司将以昆明作为下一站，将云、贵、川等西南地区作为主要发力市场。

第一节　创业的内涵与意义

一、创业教育及创业的内涵

（一）创业教育

创业教育是对传统教育观念的一种挑战，是一种适应新时代的新的教育理念。21世纪是我国国民经济快速发展的时期。经济的腾飞、科技的创新为青年学生自谋职业和出路、走开拓创业之路提供了可能。学生在选择职业和就业创业方面存在很大的盲目性。教师在教学过程中不仅仅是向学生传授知识，更重要的是激发学生的创新思维，培养学生的创业精神和能力，敢于张扬个性、勤于探索、勇于创新、善于与人合作等，这些通常是创业成功者所具备的素质。

开展创业教育，教会学生创业，使高等院校成为创业性人才成长的摇篮，是符合我国经济体制改革要求和国情的，是职业教育改革的一个重要方面。

创业教育（Enterprise education），是培养人的创业意识、创业思维、创业技能等各种创业综合素质，并最终使被教育者具有一定的创业能力的教育。以培养大学生创业基本素质为目标，培养具有开拓性精神的个人，这种人具有首创、竞争意识、冒险精神、创新能力、独立工作能力以及技术、沟通和管理技能。创业教育的实质就在于要让受教育者成长为创业者，使他们“愿创”“敢创”“会创”，通过树立创业意识、培养创业精神、积累创业知识、增长创业技能，从而形成创业能力。在实施教育的过程中，必须结合专业知识及技能的学习，渗透创业意识，使学生掌握选择、建立管理企业的知识体系，了解企业运作的规律，使毕业生在市场经济大潮中闯出一条属于自己的路。发展中小企业是当今世界的一大趋势，也因此而成为各国职业指导工作的主要环节。

创业教育是创新教育的一个更高层次的分化，广义上是培养具有开创性的个人，比一般的创新教育有更高的要求。被联合国教科文组织赋予了与学术教育、职业教育同等重要的地位。联合国教科文组织于20世纪80年代末，在面向21世纪国际教育发展趋势研讨会上，提出了“创业教育”这一新的教育概念，并要求高等学校将学生创业技能和创业精神的培养作为高等教育的基本目标之一，同时要求将它提高到与高校学术研究和职业教育同等重要的地位。从本质上说，创业教育是一种新的教育理念，旨在培养学生的创业意识、创业能力和创业人格。1999 年，联合国教科文组织在汉城（现名首尔）举行的第二届国际职业技术教育大会上特别强调：要培养学生的创业能力，因为创业能力是一种核心能力，这种能力对一个人在各种工作领域激发人的创新能力至关重要。通过创业教育，培养大学生的财富意识和创业意识，强化创业动机，倡导冒险和探索精神，传授创业知识，训练创业基本能力，通过创业教育使学生具备创业所需要的意识、知识、能力和心理品质的储备，使其迈上创业之路。

一项调查显示，美国表现最优秀的上市公司与高新技术企业老板有 86% 接受过创业教育。北京光华慈善基金会（BCF）的首席执行官杜绍基认为，“现在国内最急缺的是创业培训，需要让年轻人知道，自己在具备了哪些条件之后才可以去创业，而不是看到什么样的机会都不假思索地扑上去。我们更希望大家的创业计划从小的项目启动。不要动辄就是几十万上百万元。”

创业成功者马云认为：“不要因为别人的一句话灵机一动就去创业；人永远不要忘记自己第一天创业时的梦想，创业者最好的大学就是社会大学，五年以后还想创业，你再创业；创业者光有激情和创新是不够的，它需要很好的体系、制度、团队以及良好的盈利模式。小企业有大的胸怀，大企业要讲细节的东西，短暂的激情是不值钱的，只有持久的激情才是赚钱的；对所有创业者来说，永远告诉自己一句话，从创业的第一天起，你每天要面对的是困难和失败，而不是成功。我最困难的时候还没有到，但那一天一定会到。困难是不能躲避的，不能让别人替你去扛。九年创业的经验告诉我，任何困难都必须你自己去面对。创业者就是面对困难。”

（二）创业的内涵

那么什么是创业呢？创业是指某个人发现某种信息、资源、机会或掌握某种技术，利用或借用相应的平台或载体将其发现的信息、资源、机会或掌握的技术以一定的方式转化、创造成更多的财富、价值，并实现某种追求或目标的过程。创业是一种劳动方式，是一种无中生有的财富现象，是一种需要创业者组织运用服务、技术、器物作业的思考，推理、判断的行为。

20 世纪 80 年代，创业这个概念在欧美国家流行。由于这些工业国家遭受严重的经济不景气，失业率急剧上升、国际贸易非常不稳定等状况造成了经济的严重问题。为了解决这些问题，政府把开发创业型人才，培养企业家，推动企业的发展作为解决失业并促进经济的振兴与繁荣的良方。因此，越来越多的国家开始重视中小企业，不断制定新的政策鼓励创业，推动中小企业的发展，中小企业对经济的贡献也日益显著，表现出强大的生命力。有资料显示，发达国家大学毕业生创业率为20% ~30%，比我国1%的比例要高出许多倍。

我国各级政府非常重视大学生的积极就业问题。为支持大学生创业，国家和地方政府出台了许多优惠政策，涉及融资、开业、税收、创业培训、创业指导等诸多方面。在政策上鼓励自谋职业和自主创业，支持创办中小型企业。教育部与劳动和社会保障部联合启动了“高等院校毕业生职业资格培训工程”，可以支持许多青年创业小额贷款项目。另外，中国青年创业国际计划项目（YBC）是一个旨在扶助青年创业的教育性公益项目，有很多针对大学生的免费创业培训。通过动员社会各界特别是工商界的资源，为创业青年提供“一对一”导师辅导以及资金、技术和网络支持，帮助青年成功创业。许多省也有高校毕业生灵活就业政策小额贷款，支持有创业梦想的毕业生找到施展人生价值的舞台。

二、创业及创业教育的意义

（一）大学创业教育现状

第一，大学生对创业知识缺乏必要的了解。调查显示，有94%的同学认为在经济管理类学生中进行创业教育是有必要的；31%的学生认为他们没有创业是因为没有掌握创业知识；90%的学生没有经商的知识和技能；74%的学生不能独立制定一份企业计划书；82%的学生不知道企业登记的有关程序；62%的学生不了解当前我国的一些经济热点问题；98%的同学不了解公司上市的有关知识。据不完全统计，大学生创业成功率只有2% ~3%。由此可以看出创业教育对学生是必要的。

第二，学生对创业具有一定的热情。88%的学生尝试过推销一种产品或发现一种挣钱的方法；73%的学生带着有创业目的的思想去打工；71%的学生了解自己的专业与市场的联系；92%的学生拥有获得财富的梦想与激情。由以上数据可以看出，绝大多数的学生能够积极地为创业做准备，并对获得财富的梦想充满了激情与渴望。

第三，大学生的实践能力将制约创业能力。65%的学生不懂如何搜集、处理信息；65%的学生不懂如何处理一些棘手问题；86%的学生不会用自己的专业知识设计一个有市场前景的产品或制定一个能产生经济效益的方案；45%的同学不了解一些用简洁实用、新颖巧妙的方法解决问题的实例；63%的学生不具备较强的动手能力或积极参加各类实践活动的能力。由以上数据可以看出，绝大多数学生缺乏实际动手能力和较强的经营管理能力，这将大大影响他们的创业能力，降低创业的成功率。

第四，大学生期望系统化、实用性、操作性强的知识。调查发现，96%的学生认为学校有进行创业教育的必要；98%的学生希望所学的知识具体一些、操作性强一些。从上述统计数据可以看出，学生对系统的开设创业指导课程和实用性的就业指导有着较强烈的需求。所以，对大学生来说，开展创业教育是必要的。

在国家鼓励大学生自主创业，创业促就业已成为一种趋势的时期，创业教育有着重要的意义。

（二）创业教育的意义

1．开展创业教育是经济发展对高等教育提出的新要求

创业是发展之基、振兴之道、富民之本。在技术创新中，中小企业日趋活跃。据统计，美国有50%的技术创新来自中小企业。此外，不少大型企业本身就是由中小企业发展而来的，美国的微软公司是成长的典范。在众多中小企业中真正能发展成大型企业的只是极少数。然而，正是这些具有强烈创新冲动的中小企业生生不息，不断地诞生、发展、兼并，才使得整个经济社会充满生机与活力，推动着经济的不断繁荣。

创业教育是我国大学校园创业热潮的呼唤以及顺应国际潮流的必然选择。近年来，我国中小企业尤其是民营企业有了长足的发展，但与西方发达国家相比，无论在数量、质量、规模、运作方式、知识含量还是在对经济的贡献上都存在着巨大的差距。其中一个重要原因，就是没有注重对创业型人才的开发，没有重视对企业家的培养。因此，改革我国的人才培养模式，大力培养创业型人才，可以促进知识成果向生产力转换，推动社会财富的增加，提高企业家队伍的素质。为社会发展、经济繁荣源源不断地提供人才和智力支持是时代对我国高等教育提出的新要求。

2．广泛开展创业教育是迎接严峻的就业形势对高等教育的新挑战

就业是民生之本，做好高校毕业生就业工作，是“加快推进以改善民生为重点的社会建设”的具体体现，是构建社会主义和谐社会的重要内容，是建设人力资源强国和建设创新型国家的必然要求。由于就业竞争日益激烈，高校毕业生就业面临严峻挑战，创业是积极就业的一种，不失为缓解目前就业压力的一条解决途径。

目前，不少大学毕业生及家长求稳怕险。大学生就业结构性矛盾突出地体现为区域不均衡，大量毕业生过分集中在东部地区和城市，竞争数量有限的就业岗位。此外，毕业生都把目光盯在城市、党政机关、国有企业等，而对于非公有制企业尤其是农牧区基层，却鲜有兴趣。中西部地区、广大的基层面临着人才匮乏又难以吸引毕业生的窘境，从而存在着“无业可就”和“有业不就”的矛盾。鼓励大学生创业，既可以增加经济总量，也可以以创业促进就业。

3．开展创业教育是大学生自我发展的需要

大学生作为我国的年轻高级知识人群，有着较为丰富的知识储备和相较于其他高级知识分子所欠缺的创造力，是符合在我国“十四五”规划的创业主要人群。

（1）大学生自主创业的优势

① 大学生往往对未来充满希望，他们有着年轻的血液、充满激情，以及“初生牛

犊不怕虎”的精神，而这些都是一个创业者应该具备的素质。

② 大学生在学校里学到了很多理论性的东西，有着较高层次的技术优势，而目前最有前途的事业就是开办高科技企业。技术的重要性是不言而喻的，大学生创业从一开始就必定会走向高科技、高技术含量的领域，“用智力换资本”是大学生创业的特色和必然之路。一些风险投资家往往就因为看中了大学生所掌握的先进技术，而愿意对其创业计划进行资助。

③ 现代大学生有创新精神，有对传统观念和传统行业挑战的信心和欲望，而这种创新精神也造就了大学生创业的动力源泉，成为成功创业的精神基础。大学生心中怀揣创业梦想，努力打拼，创造了财富。

④ 大学生创业的最大好处在于能提高自己的能力，增长社会实战经验，以及学以致用；最大的诱人之处是通过成功创业，可以实现自己的理想，证明自己的价值。

（2）大学生自主创业的弊端

① 社会经验不足，常常盲目乐观，没有充足的心理准备。对于创业中的挫折和失败，许多创业者感到十分痛苦茫然，甚至沮丧消沉。大家以前创业，看到的都是成功的例子，心态自然都是理想主义的。其实，成功的背后还有更多的失败。看到成功，也要看到失败，这才是真正的市场，只有这样，才能使年轻的创业者们变得更加理智。

② 急于求成、缺乏市场意识及商业管理经验，是影响大学生成功创业的重要因素。学生们虽然掌握了一定的书本知识，但终究缺乏必要的实践能力和经营管理经验。此外，由于大学生对市场营销等缺乏足够的认识，很难一下子胜任企业经理人的角色。

③ 大学生对创业的理解还停留在仅有一个美妙想法与概念上。在大学生提交的相当一部分创业计划书中，许多人还试图用一个自认为很新奇的创意来吸引投资。可投资人看重的是你的创业计划真正的技术含量有多高，在多大程度上是不可复制的，以及市场赢利的潜力有多大。而对于这些，你必须有一整套细致周密的可行性论证与实施计划，绝不是仅凭三言两语的一个主意就能让人家掏钱的。

④ 大学生的市场观念较为淡薄，不少大学生很乐于向投资人大谈自己的技术如何领先与独特，却很少涉及这些技术或产品究竟会有多大的市场空间。就算谈到市场的话题，他们也多半只会计划花钱做做广告而已，而对于诸如目标市场定位与营销手段组合这些重要方面，则全然没有概念。其实，真正能引起投资人兴趣的并不一定是那些先进得不得了的东西，相反，那些技术含量一般但却能切中市场需求的产品或服务，常常会得到投资人的青睐。同时，创业者应该有非常明确的市场营销计划，能强有力地证明赢利的可能性。

知识链接

创业者的心理特征

1．创业激情

对于一个创业者来说，最先要具备的是对创业这件事情怀揣的热情。类似于现在很多家长对于孩子的教育。一些家长总是困惑为什么上同样的特长班，自己的小孩总是不如其他的孩子优秀，是自己的小孩笨吗？好像也不是。但那是什么原因呢？其实问题很好解决，关键取决于是你要求他去学，还是他自己感兴趣。人们都有望子成龙、望女成凤的心情，但却经常忽略兴趣才是最好的老师。只有保持兴趣，你才会主动地去探索，去求知，去渴望体验一次次的实践。创业也是如此，你对创业饱含兴趣，才会萌生观念与想法，才有继续探索下去的热情，才会展开无限的可能。创业的激情不是一时的，它伴随你整个创业过程，在漫长且艰辛的创业之路上，不是所有人都会一帆风顺，当你困惑迷茫时，回想当初是什么动力促使你创业，你才会拨开云雾，重见光明。

2．敏感好奇

创业者在选择创业项目时，要有新奇点和侧重点，而这两点便取决于创业者的好奇心与洞察力，以及能否适时地寻找机会、抓住机会，对商业机会做出快速反应。机会是留给有准备的人的，但对创业者来说，机会是留给敏感好奇的创业者的。很多时候，商机就摆在眼前，而我们却视而不见。将别人眼中的平淡无奇变为自己的无限商机，是一个合格的创业者应具备的特质。

3．情绪稳定

创业过程相当于一次冒险过程，没人能预料未来会发生什么，也没人能预料未来你的公司会走多远，即使是创立于1850年、身为美国第四大投资银行的雷曼兄弟公司，2000年还被《商业周刊》评为全球最佳投资公司，而在2008年金融危机中却不得不宣告破产。面对创业路上充满的种种未知，保证良好的心态和稳定的情绪显得尤为重要。“不以物喜，不以己悲”说的便是这个道理。创业需要极大的心理承受能力，如果你天生心理承受能力不足，是不适合创业的。罗永浩说过，创业过程中需要承受的压力和恐惧是超出想象的，它会让大部分抗压能力正常的人崩溃，所以说创业者在心理承受能力方面是要优于常人的。

4．敢于承担

每个现实生活中的人都扮演着不同的角色，而每个角色又承担着相应的责任。抚养孩童是父母的责任，赡养老人是子女的责任，遵纪守法是每个公民的责任。同样，对于一个创业者而言，合理合法地创办企业，保障企业和员工的生存，做出合理正确的决策等，这些都是创业者的责任。作为一个勇于冒险、敢于担当的创业者，责任和义务是要时刻铭记于心的，而不能一味地只想索取、获利，权利与义务永远是对等的。同时敢于承担也不仅仅是承担应尽的责任和义务，还包括对于决策后果的承担，无论公司发展如何千变万化，要敢于面对现实，敢于接受现实，不自暴自弃，有勇有谋有担当，才是一位合格的创业者。

三、大学生自主创业准备

创业是一种具有显著创新性、创意性和创造性的行为，涉及社会、经济、政治、法律、文化等各个方面。创业不易，成功创业更不容易。创业之所以会取得成功，在于一系列有利因素有机结合；创业之所以会失败，可能只是由于某一个不利因素。简言之，创业往往是“成于一万，败于万一”。无数创业者成败的经验表明，准备不足必然会导致创业失败。知识匮乏、能力不足和资源缺乏是阻碍创业成功的三大“陷阱”，做足创业准备的基本要求，就是掌握创业必备知识，培养创业必备能力，发掘创业必备资源。

（一）拟涉足行业与产品的相关专门知识

一切创业都是在特定行业从事特定产品或服务的经营活动。因此，在创业之前，创业者首先必须掌握拟涉足行业和拟经营的产品或服务相关专业知识。

1. 拟涉足行业的相关专门知识

所谓行业，一般是指按生产同类产品或具有相同工艺过程或提供同类劳动服务计划的经济活动类别，如饮食行业、服装行业、机械行业等。创业者在了解一般行业知识的基础上，应重点了解拟涉足行业的相关专门知识，至少包括：

（1）该行业在整个国民经济和产业链中的地位与作用；

（2）该行业的组织结构和竞争态势；

（3）该行业所处发展阶段和发展趋势；

（4）该行业的市场需求容量和可持续发展潜力；

（5）该行业的专门工艺、技术和知识；

（6）该行业的职业资质要求、进入门槛和相关法规。

2. 拟经营产品的相关专门知识

所谓产品，一般是指市场上任何可以让人注意、获取、使用或能够满足某种消费需求和欲望的东西。产品通常被分为四个基本大类：服务类无形产品，如医疗、运输、咨询、金融贸易、旅游、教育等；软件类无形产品，如计算机程序、信息记录等；硬件类有形产品，如建筑物、电器、机械零部件等；流程性材料类有形产品，如润滑油、布匹、矿产、燃料等。创业者在了解一般产品知识的基础上，应重点了解拟涉及产品的相关专门知识，至少包括：

（1）该类产品的核心价值、产品形式和附加利益等；

（2）该类产品的整体设计，含基本功能设计、形式设计和销售技术服务设计等；

（3）该类产品的生命周期和替代品构成状况；

（4）该类产品的价格、销售渠道、促销等基本营销策略；

（5）该类产品新品开发的资源条件、程序和具体要求；

（6）该类产品的质量、监督和消费者权益保护等有关法律法规。

（二）创业必备的资源

一般而言，资源是指一切可被开发利用的客观对象，人类生存、发展和享受有价值的一切要素的总和，也是一切财富的源泉。资源可分为两类：一类是自然资源，如土地、森林和矿藏等；另一类是社会资源，如人才、资金、技术和信息等。

资源是创业活动不可或缺的要素，是创业成功必须依赖的“资本”。对每个创业者来说，在创业过程中资源缺乏是一种普遍现象。解决资源缺乏的根本途径是不断积累和持续开发。创业者必须下功夫开发的创业资源有以下五类：

1．经验——创业的心灵资本

在通常意义上，经验是指人们亲自经历有关事情后获得的体验。经验不同于知识，它属于亲力亲为的认识范畴。经验直接来自实践，所以能够指导实践。在大多数人的印象中，我国南方人比较会做生意。实际上，富有长期在生意场上的实践经验是南方人商业智慧的源泉。南方市场氛围浓厚，青年人从小就在家里做生意，或者给别人打工，时机一旦成熟就自己去创业。在重视积累和利用成功创业经验方面，温州人颇具代表。对于没有经验而打算创业的大学生来说，首要任务是通过学习与实践去取得间接的创业经验和积累直接的创业经验。

大学生创业获取经验的途径有以下五点：

（1）校内资源。通过课堂学习能拥有过硬的专业知识，在创业过程中将受益无穷；大学图书馆通常能找到创业指导方面的报刊和图书，广泛阅读能增加对创业市场的认识，大学社团活动能锻炼各种综合能力，这是创业者积累经验必不可少的实践过程。

（2）媒体资讯。一是纸质媒体，人才类、经济类媒体是首要选择，例如比较专业的《21世纪人才报》《21世纪经济报道》《IT经理世界》；二是网络媒体，管理类、人才类、专业创业类网站是必要选择，例如中国营销传播网、中华英才网、中华创业网、人才中国网、校导网等。此外，从各地创业中心、创新服务中心、大学生科技园、留学生创业园、科技信息中心、知名民营企业网站等都可以学到创业知识。

（3）与人交流。商业活动无处不在，你可以在你生活的周围，找有创业经验的亲朋好友交流。在他们那里，你将得到最直接的创业技巧与经验，有的时候这比看书本的收获更多。你甚至还可以通过电子邮件和电话拜访你崇拜的商界人士，或咨询与你的创业项目有密切联系的商业团体，你的谦逊总能得到他们的支持。

（4）曲线创业。先就业、再创业是时下很多学生的选择。毕业后，由于自己各方面阅历和经验都不够，能够到实体单位锻炼几年，积累了一定的知识和经验再创业也不迟。先就业再创业的学生跳槽后，所从事的创业项目通常也是过去密切接触过的工作。而在准备创业的过程中，你可以利用与专业人士交流的机会获得更多的来自市场的创业知识。

（5）创业实践。真正的创业实践开始于创业意识萌发之时。大学生的创业实践是学习创业知识的最好途径。间接的创业实践学习主要可借助学校举办的某些课程的角色性、情景性模拟参与来完成。例如积极参加校内外举办的各类大学生创业大赛、工业设计大赛等，或对知名企业家成长经历、知名企业经营案例开展系统研究等。直接的创业实践主要可通过课余时间来完成，例如大学校园各学生宿舍做饮水机清洗消毒、送水等有偿服务等，还可以通过假期兼职打工、试办公司、试申请专利、试办著作权登记、试办商标申请等事项来完成；也可通过举办创意项目活动、创建电子商务网站、谋划书刊出版事宜等方式来完成。

通过以上有效途径，对自己已经具备的工作、学习、生活和社交等方面的经验进行认真盘点和梳理，分析总结出自身经验结构中的优势和欠缺。

2. 人脉——创业的社会资本

人脉就是一个人的人际关系资源的总和。人脉是一种“无形的社会资源”，是创业必备的“社会资本”。对创业者来说，人脉就是最大的财富资本。很多成功的商界人士都深深意识到人脉资源对自己事业成功的重要性。美国钢铁大王卡耐基经过长期研究得出结论说：“专业知识在一个人的成功中占15%，而其余的85%取决于人际关系。”潘石屹指出，“成功的人并不是他的个人能力多强，而是他吸引人才的能力有多强。”由此可见，积累和经营人脉对于创业成功的重要性。开发人脉资源不但要对自己的人脉网络进行规划，了解拓展人脉的途径和人脉的经营原则，还要不断提高自己的人际交往能力。

3. 技术——创业的知识资本

技术资源包括关键技术、制造流程、作业系统、专用生产设备等。通常，技术资源包含三个层次：一是根据自然科学和生产实践经验而发展成的各种工艺流程、加工方法、劳动技能和诀窍等；二是将这些流程、方法、技能和诀窍等付诸实施的相关的生产工具和其他物资设备；三是使用现代劳动分工和生产规模等要求的对生产系统中所有资源进行有效组织和管理的知识、经验和方法。

对于打算创业的人来说，很有必要客观评估一下自己创业的技术预备程度。创业实践表明，具有一定专业技术能力的人，虽然在本行业创业具有一定的优势，但如果要成为有作为的创业家，就需要努力学习创业的必备知识和积累核心能力，需要实现从关注产品到关注市场、从专业人到领导人、从单方面思考问题到综合思考问题的角色转变。开发创业技术的一般途径包括以下四点：

（1）在行业工作实践过程中，在具体的综合岗位、业务、项目和工程中，采取体验、交流、考查等方式进行综合提高；

（2）有针对性地参加脱产、业余、在职、远程等行业性或工商类学历教育、学位教育或专题研修报告；

（3）有针对性地参加创业教育课程或专题创业培训；

（4）有针对性地选择特定科目进行自学和探索。

用智力换资本，这是大学生创业的特色之路。一些风险投资家往往就因为看中大学生所掌握的先进技术，而愿意对其创业计划进行资助。因此，打算在高科技领域创业的大学生，一定要注意技术创新，开发具有自己独立知识产权的产品，吸引投资商。

4．资金——创业的物质资本

资金是指可使用的金融资源的总和，是企业正常运行的血液和命脉。任何企业的生产经营活动都需要资金的支撑。对于新创企业来说，在企业的销售活动能够产生现金流之前，企业需要技术研发，需要为购买和生产存货支付资金，需要进行广告宣传，需要支付员工薪酬，还可能需要对员工进行培训；另外，要实现规模经济效益，企业需要持续地进行资本投资；加上产品或服务的开发周期一般比较长，就使得创业企业在生命早期需要筹集大量资金。一项调查显示，有四成大学生认为“资金是创业的最大困难”。的确，“巧妇难为无米之炊”，没有资金，再好的创意也难以转化为现实的生产力。因此，资金是大学生创业要翻越的一座山，大学生要拓宽思路，多渠道融资。

5．商机——创业的信息资本

商机是指市场需求变化所提供的有价值的赢利机会，这是创业的信息资本。如果把创业比作“赤壁之战”，那么商机就是“东风”。没有东风的赤壁之战，结果难以乐观。从本质上讲，创业就是寻找或创造市场需求，并通过投资经营企业以满足这种需求的商业活动过程。能否发现和把握创业机会，在很大程度上直接影响创业成败与否。创业机会存在于任何时候和任何地方。但如果创业者缺乏创业眼光和能力，就很难发现和识别创业机会，更难以把握创造机会。因此，识别和把握创业机会是准备创业者必须具备的能力。

怎样识别商机呢？商机有如下四个特征：

（1）商机有潜在的盈利可能性。客观需要创业者根据一定的知识、技术、经验对它进行评价和识别。

（2）商机具有流动性和区域性。流动性是指商机可能随着时间和条件的变化在向其他地区转移；区域性是指不同的区域有着不同的商机。

（3）商机必须通过生产经营才可以实现。创业者是否具备生产经营的条件，是否能够及时生产出产品，或通过经营提供出市场需求的服务，关系着机会的实现。

（4）商机的市场价值具有多层次性，创业者能够通过分析、鉴别并根据实际需要，进一步开发其丰富的价值。甚至可以一定程度上引导需求、创造商机。

课堂活动

自我定位

加强对自身的认识和了解，找出自己感兴趣的领域，确定自己创业的优势所在，明确切入创业的起点及辅助支持、后续支援的方式，其中最重要的是明确自我人生目标，即自我人生定位。

自我创业的优势：

____

____

自我创业的不足：

____

____

自我定位：

____

____

第二节　大学生自主创业实务指导

常言道：“男怕入错行，女怕嫁错郎。”对于任何创业者来说，选择好的项目就是成功的一半。由于很多大学生没有工作经验，更不了解市场，往往因为选择了错误的行业或不恰当的项目而导致创业失败，因此，大学生在创业方向的选择上应扬长避短，寻找适合自己发展的道路。

一、寻找创新创业机会

创新创业机会就是创新创业者创新思维，发现市场需求，寻找市场机会，借助投资经营企业来满足这种需求的活动。

（一）寻找创新创业机会

识别创新创业机会是创业的关键之一，也是创业的起点。创新创业过程就是启动创新思维、围绕创业机会进行识别、开发、利用的过程，是创新创业者应具备的重要技能。一是在问题中发现创新创业机会。人们总是迫切希望解决“苦恼”和“困扰”，研究不同类型顾客需求特点的差异，如果能提供解决的办法，也就是找到了创业的机会。二是在变化中发现创新创业机会。创新创业的机会产生于不断变化的市场环境，人们透过这些变化，发现新的前景、新的投资行业。环境变化包括政策变化、科技进步、产业结构变化、生活形态变化、消费升级、城市化、人口结构变化、全球化趋势等。三是在各种竞争中寻找创新创业机会。机会存在于各行各业的竞争之中，如果能够弥补竞争对手的缺陷和不足，这也可能将成为创新创业机会。

（二）创新创业机会来源

一是从现有市场寻找机会。对创新创业者来说，在现有市场中发现机会是自然和经济的选择。真正的机会与我们的生活息息相关。由于市场上总有尚未全部满足的需求，这种途径能减少搜寻成本，降低创业风险，有利于成功创业。在多数情况下，现有的创业机会存在于不完全竞争下的市场空隙、规模经济下的市场空间、企业集群下的市场空缺等。二是挖掘潜在市场，潜在机会来自新科技应用和人们需求的多样化，成功的创业者能敏锐地感知社会大众的需求变化，并能够从中捕捉市场机会。三是经济活动的多样化为创业拓展了新途径。比如，第三产业的发展为中小企业提供了非常多的成长点。社会需求的易变性、高级化、多样化和个性化，使产品向优质化、多品种、小批量、更新更快等方面发展，也有力地刺激了中小企业的发展。

二、创业机会的识别

面对具有相同期望值的创业机会，并非所有潜在创业者都能把握。成功的机会识别是创业愿望、创业能力和创业环境等多因素综合作用的结果。

首先，创业愿望是机会识别的前提。创业愿望是创业的原动力，它推动创业者去发现和识别市场机会。没有创业意愿，再好的创业机会也会视而不见，或失之交臂。

其次，创业能力是机会识别的基础。识别创业机会在很大程度上取决于创业者的个人（团队）能力，国内外研究和调查显示，与创业机会识别相关的能力主要有远见与洞察能力、信息获取能力、技术发展趋势预测能力、模仿与创新能力、建立各种关系的能力等。

最后，创业环境是机会识别的关键，包括政府政策、社会经济条件、创业和管理技能、创业资金和非资金支持等方面。如果社会宽容创业失败，国家有金融支持和完善的创业服务体系，产业有公平、公正的竞争环境，就会鼓励更多的人创业。

知识链接

大学生创业要做好的几件事

1. 要了解创业者应该具备的素质，自我比照、分析后，有针对性地提高。

2. 要了解优秀创业团队的特征，通过各种途径练习组建并管理团队，锻炼自己的领导力。

3. 要全面了解和评估创业环境，熟悉并利用相关的创业政策。

4. 要多渠道、多途径寻找机会，客观评估，学会整合资源。

5. 要先用加法做商业计划书，再用减法做融资路演的报告。

6. 要准确预测创业资金需求。

7. 要根据实际情况进行企业的选址。

8. 企业的生存离不开合适的组织设计、精准的产品开发、及时的市场营销、精细的财务管理和干练的人力资源。

9. 企业的成长要有系统的战略部署。

三、创新创业项目的选择

选择创新创业项目是一个漫长的过程，创新创业时机又是稍纵即逝。因此，如何寻找发现和选择有价值的项目是一个难题。

（一）项目类型

常见的项目类型有以下三种：

一是传统技能型。这类创新创业项目具有永恒的生命力，尤其是酿酒、饮料、中药、工艺美术品、服装、食品加工、修理等与人们日常生活紧密相关的行业中，独特的传统技能项目表现出了经久不衰的市场竞争力，许多现代技术都无法与之竞争。

二是高新技术型。这类创新创业项目往往由于知识密集度高，带有前沿性、研究开发性质的新技术、新产品等特点。

三是知识服务型。这类创新创业项目随着现代社会信息量的越来越大、知识更新越来越快，各类知识性咨询服务的机构将会不断细化和增加。这类项目具有投资少、见效快的特点。依托互联网创业的知识服务型创业项目数不胜数。

（二）选择依据

主要考虑四个因素：一是个人爱好、特长与创业目标结合。一个人只有从事他喜欢且有能力做的事情，才会自觉地、全身心地投入工作中去，并忘我地工作，才有可能在遇到困难和挫折时百折不挠勇往直前，千方百计克服困难，实现创新创业目标，这也决定了今后的发展方向和发展，是创新创业能否成功的一个基石。二是复制成功的创业项目。创新创业成功有自身的奥秘，我们可以借助这些成功创业的案例，并加以改进、优化设计，进一步满足市场和客户的需求，把握住自己选择创新创业的市场脉搏。三是借助产品找市场和项目。当自己没有项目的时候，可以采用反其道而行之的方式，找符合产品的市场。四是承受风险的能力。创新创业过程会有太多不可控因素，一旦把资金投入进去，谁也不敢保证一定能够成功。因此，在选定创新创业项目并且投资之前，必须做好最坏的打算，并且能够承受得起这个风险。

（三）选择步骤

创新创业项目选择正确与否，往往决定了创新创业成败，以及影响创新创业者今后的事业发展。因此，创新创业者必须慎重选择创新创业项目。选择创新创业项目的步骤如下：

第一步，对自己的人际关系、资金等资源状况进行评判。

第二步，判断自己的优势资源、能力。

第三步，根据自己的资源、能力，初选适合自己的项目。

第四步，对所选的目标项目进行市场调研，分析产品发展阶段及发展潜力。

第五步，分析自己的优势，判断对初定创业项目的掌控能力。

第六步，选择能发挥自己优势、市场空间大、能够掌控的项目。

四、创业计划书

创业计划，是创业者在创业种子期及创业期编写的商业计划。创业计划书除了能让创业者明确自己的创业内容、坚定创业的目标外，还兼具说服他人的功用。通过创业计划书，创业者对自己的创业会有比较清晰的认识，同时可能募得一笔创业基金。

（一）创业计划书的主要内容

1. 计划摘要

计划摘要列在商业计划书的最前面，它是浓缩了的商业计划书的精华。计划摘要涵盖了计划的要点，以便投资人能在最短的时间内评审计划并做出判断。

计划摘要一般要包括以下内容：公司介绍；主要产品和业务范围；市场概貌；营

销策略；销售计划；生产管理计划；管理者及其组织；财务计划；资金需求状况等。

在计划摘要中，企业还必须要回答下列问题：

（1）企业所处的行业是什么？企业经营的性质和范围是什么？

（2）企业主要产品的内容是什么？

（3）企业的市场在哪里？谁是企业的顾客？他们有哪些需求？

（4）企业的合伙人、投资人是谁？

（5）企业的竞争对手是谁？竞争对手对企业的发展有何影响？

摘要要尽量简明、生动，特别要详细说明企业的不同之处，以及企业获取成功的市场因素。如果企业家了解他要做的事情，摘要仅需两页纸就足够了；如果企业家不了解自己正在做什么，摘要就可能要写二十页以上。因此，有些投资家就依照摘要的长短来“把麦粒从谷壳中挑出来”。

2. 产品/服务介绍

在进行投资项目评估时，投资人最关心的问题之一就是企业的产品、技术或服务能否以及在多大程度上解决现实生活中的问题，或者企业的产品/服务能否帮助顾客节约开支，增加收入。因此，产品介绍是创业计划书中必不可少的一项内容。通常情况下，产品介绍应包括以下内容：产品的概念、性能及特性；主要产品介绍；产品的市场竞争力；产品的研究和开发过程；研发新产品的计划和成本分析；产品的市场前景预测；产品的品牌和专利。

在产品/服务介绍部分，企业家要对产品/服务做出详细的说明，说明要准确，也要通俗易懂，使不是专业人员的投资者也能看明白。一般而言，产品介绍都要附上产品原型、照片或其他介绍。产品介绍必须要回答以下问题：

（1）顾客希望企业的产品能解决什么问题？顾客能从企业的产品中获得什么好处？

（2）企业的产品与竞争对手相比有哪些优缺点？顾客为什么会选择本企业的产品？

（3）企业为自己的产品采取了何种保护措施？企业拥有哪些专利、许可证，或与已申请专利的厂家达成了哪些协议？

（4）为什么企业的产品定价可以使企业产生足够的利润？为什么用户会大批量地购买企业的产品？

（5）企业采用何种方式去改进产品的质量、性能？企业对发展新产品有哪些计划？

产品/服务介绍的内容比较具体，因而写起来相对容易。虽然夸赞自己的产品是推销所必需的，但应该注意，企业所做的每一项承诺都要努力去兑现。要牢记，企业家和投资家所建立的是一种长期合作的伙伴关系，空口许诺只能得意于一时。如果企业不能兑现承诺，不能偿还债务，企业的信誉必然会受到极大的损害。

3．人员及组织结构

有了产品之后，创业者第二步要做的就是组建一支有战斗力的经营管理团队。企业管理的好坏直接决定了企业经营风险的大小，而高素质的管理人员和良好的组织结构则是管理好企业的重要保证。因此，风险投资家会特别注重对经营团队的评估。

企业的经营管理人员应该是互补型的，而且要有团队精神。一个企业必须要具备负责产品设计与开发、市场营销、生产作业管理、企业理财等方面的专门人才。在创业计划书中，必须要对主要经营管理人员加以阐明，介绍他们所具有的能力、他们在本企业中的职务和责任、他们过去的详细经历及背景。

此外，在这部分中，还应对公司结构做一个简要介绍，包括：公司的组织机构图；各部门的功能与责任；各部门的负责人及主要成员；公司的报酬体系；公司的股东名单，包括认股权、比例和特权；公司的董事会成员，各位董事的背景资料。

4．产业与市场分析预测

当企业要开发一种新产品或向新的市场扩展时，首先就要进行市场预测。如果预测的结果并不乐观，或者预测的可信度让人怀疑，那么投资者就要承担更大的风险，这对多数风险投资家来说都是不可接受的。

市场预测首先要对需求进行预测：市场是否存在对这种产品的需求？需求程度是否可以给企业带来所期望的利益？新的市场规模有多大？需求发展的未来趋向及其状态如何？影响需求都有哪些因素？

其次，市场预测还要包括对市场竞争的情况，即企业所面对的竞争格局进行分析：市场中主要的竞争者有哪些？是否存在有利于本企业产品的市场空当？本企业预计的市场占有率是多少？本企业进入市场会引起竞争者怎样的反应，这些反应对企业会有什么影响？

在创业计划书中，市场预测应包括以下内容：市场现状综述；竞争厂商概览；目标顾客和目标市场；本企业产品的市场地位；市场区域和特征等。

5．营销策略

营销是企业经营中最富挑战性的环节。影响营销策略的主要因素有：消费者的特点、产品的特性、企业自身的状况、市场环境方面的因素，最终影响营销策略的则是营销成本和营销效益因素。

在商业计划书中，营销策略应包括以下内容：

（1）市场机构和营销渠道的选择；

（2）营销队伍和管理；

（3）促销计划和广告策略；

（4）价格决策。

对创业企业来说，由于产品和企业的知名度低，很难进入其他企业已经稳定的销售渠道中去。因此，企业不得不暂时采取高成本低效益的营销战略，如上门推销、大打商品广告、向批发商和零售商让利，或交给任何愿意经销的企业销售。对发展企业来说，它一方面可以利用原来的销售渠道，另一方面也可以开发新的销售渠道以适应企业的发展。

6. 生产管理计划

创业计划书中的生产管理计划应包括以下内容：产品制造和技术设备现状；新产品投产计划；技术提升和设备更新的要求；质量控制和质量改进计划。

在寻求资金的过程中，为了增大企业在投资前的评估价值，风险企业家应尽量使生产制造计划更加详细、可靠。一般来说，生产制造计划应包括以下内容：

（1）企业生产制造所需的厂房、设备情况如何；

（2）怎样保证新产品在进入规模生产时的稳定性和可靠性；

（3）设备的引进和安装情况；

（4）谁是供应商；

（5）生产线的设计与产品组装是怎样的；

（6）供货者的前置期和资源的需求量；

（7）生产周期标准的制订以及生产作业计划的编制；

（8）物料需求计划及其保证措施；

（9）质量控制的方法是怎样的；

（10）相关的其他问题。

7. 财务规划

财务规划需要花费较多的精力来做具体分析，其中主要包括现金流量表、资产负债表及损益表的制备。财务规划一般要包括以下内容：

（1）商业计划书的条件假设；

（2）预计的资产负债表；

（3）预计的损益表；

（4）现金收支分析；

（5）资金的来源和使用。

拓展阅读

创业计划的种类

一是根据行业特点，可将创业计划分为高新科技创业计划、传统产业创业计划等。

二是根据创业计划编制目的，可将创业计划分为吸引风险投资的创业计划、创业规划性创业计划等。

三是根据创业计划的详略，可将创业计划分为略式创业计划（概括式）、详式创业计划等。

（二）创业计划书的撰写方法及注意事项

怎样才能写好创业计划书呢？从大量案例中我们可以发现，评价创业计划书的要素主要包括：报告完整全面、方案可行、技术含量高、创新性强、经济效益高、资金筹措方案合理、市场前景广阔六个方面。但是，如何在计划书中体现这些呢？现实中，那些既不能给投资者以充分的信息，也不能引起投资者兴趣的创业计划书，其最终结果只能是被扔进垃圾箱。

为了确保创业计划书能“击中目标”，创业者应做到以下几点：

1．关注产品

在创业计划书中，应提供所有与企业的产品或服务有关的细节，包括企业所实施的所有调查。这些问题包括：产品正处于什么样的发展阶段？它的独特性怎样？企业分销产品的方法是什么？谁会使用企业的产品，为什么？产品的生产成本是多少，售价是多少？企业发展新的现代化产品的计划是什么？把出资者拉到企业的产品或服务中来，这样出资者就会和创业者一样对产品感兴趣。在创业计划书中，创业者应尽量用简单的词语来描述每件事，例如，商品及其属性的定义对创业者来说是非常明确的，但其他人却不一定清楚它们的含义。制订创业计划书的目的不仅是要出资者相信企业的产品会在世界上产生革命性的影响，同时也要使他们相信企业有证明它的论据。

2．竞争分析

在创业计划书中，创业者应细致分析竞争对手的情况，包括：竞争对手是谁？他们的产品是如何工作的？竞争对手的产品与本企业的产品相比，有哪些相同点和不同点？竞争对手所采用的营销策略是什么？要明确每个竞争者的销售额、毛利、利润、收入及市场份额，然后再讨论本企业相对于每个竞争者而言所具有的竞争优势。要向投资者展示顾客偏爱本企业的原因是本企业的产品质量好、送货迅速、定位适中、价格合适等。创业计划书要让它的读者相信：本企业不仅是行业中的有力竞争者，而且将来还会是确定行业标准的领先者。在创业计划书中，创业者还应阐明竞争者给本企业带来的风险以及本企业所采取的对策。

3．了解市场

创业计划书要给投资者提供企业对目标市场的深入分析和理解，要细致分析经济、地理、职业及心理等因素对消费者选择购买本企业产品这一行为的影响，以及各个因素所起的作用。创业计划书中还应包括一个主要的营销计划，计划中应列出本企业打算开展广告、促销以及公共关系活动的地区，明确每一项活动的预算和收益。创业计划书中还应简述一下企业的销售战略：企业是使用外面的销售代表还是使用内部职员？企业是采用转卖商、分销商还是特许商？企业将提供何种类型的销售培训？此外，创业计划书还应特别关注销售中的细节问题。

4．表明行动方针

企业的行动计划应该是无懈可击的。创业计划书中应该明确下列问题：企业如何把产品推向市场？如何设计生产线？如何组装产品？企业生产需要哪些原料？企业拥有哪些生产资源，还需要什么生产资源？生产和设备的成本是多少？企业是买设备还是租设备？解释与产品组装、储存及发送有关的固定成本和变动成本的情况。

5．展示你的管理队伍

把思想转化为一个成功的企业，其关键因素就是要有一支强有力的管理队伍。这支队伍的成员必须有较高的专业技术知识、管理才能和多年的工作经验，要给投资者这样一种感觉："如果这个公司是一支足球队的话，他们一定会进入世界杯决赛!"管理者的职能就是计划、组织、控制和指导公司实现目标。在创业计划书中，应首先描述一下整个管理队伍及其职责，然后再分别介绍每位管理人员的特殊才能、特点和造诣，细致描述每个管理者对公司所做的贡献。创业计划书中还应明确管理目标以及组织机构图。

6．出色的计划摘要

创业计划书中的计划摘要是十分重要的。它必须能让读者有兴趣并渴望得到更多的信息，它将给读者留下长久的印象。计划摘要将是创业者所写的最后一部分内容，但却是出资者首先要看的内容，它将从计划中摘录出与筹集资金相关的细节，包括对公司内部的基本情况、公司的能力及局限性、公司的竞争对手、营销和财务战略、公司的管理队伍等情况的简明而生动的概括。如果公司是一本书，它就像是这本书的封面，这部分做得好就可以直接把投资者吸引住。

一些学者认为，理想的创业计划书应该具有以下特征：能将投资者的注意力从机会方面转向创业主张方面；确定消费者；理解关键的驱动力；明确经营模式；激发对人员和执行力的信心。

另外，创业计划中的典型错误也应该避免，如表 8－1 所示。

表 8－1　创业计划中的典型错误及说明

错误	说明
概要太长而且松散，未能说准要点	简明扼要且全面
没有清楚回答"人们为什么想购买这种产品?"	只说产品有价值，却忽视了潜在顾客的调研

续表

错误	说明
没有对管理团队资格给予清晰的陈述	管理团队的个人简历需用附录具体说明，否则准投资人会认为管理团队没有经验
过于乐观的财务预期	盲目乐观会失去可信度，需根据实际调研做出合理预期
界定的市场规模过于宽泛	企业的市场规模应是目标市场，而不是产业市场
隐藏和回避不足与风险	准投资人会认为计划不够深入
没有清晰回答产品所处的阶段	说明产品开发工作或是没有真正开展，或是不具有合理性
认为没有竞争者	说明缺乏深入、认真的市场调研
任何形式上的错误	排版、语句错误，以及资产负债表的不平衡等

附：创业计划书模板

企业名称：

创业者姓名：

日期：

通信地址：

邮政编码：

电话：

传真：

电子邮件：

目录

一、企业概况

主要经营范围：

企业类型：

□生产制造□零售□批发□服务□农业

□新型产业□传统产业□其他

二、创业计划作者的个人情况

以往的相关经验（包括时间）：

教育背景，所学习的相关课程（包括时间）：

三、市场评估

目标顾客描述：

市场容量或企业的预计市场占有率：

市场容量的变化趋势：

竞争对手的主要优势：

竞争对手的主要劣势：

本企业相对于竞争对手的主要优势：

本企业相对于竞争对手的主要劣势

四、市场营销计划

（一）产品

产品或服务	主要特征

（二）价格

产品或服务	成本价	销售价	竞争对手的价格

折扣销售	
赊账销售	

（三）地点

1．选址细节

地址	面积（平方米）	租金或建筑成本

2. 选择该地址的主要原因：

3. 销售方式（选择一项并打√）：

将把产品或服务销售或提供给：□最终消费者 □零售商 □批发商

4. 选择该销售方式的原因：

（四）促销

人员推销		成本预测	
广告		成本预测	
公共关系		成本预测	
营业推广		成本预测	

五、企业组织结构

企业将登记注册成（选择一项并打√）：

□个体工商户 □有限责任公司

□个体独资企业 □其他

□合伙企业

拟议的企业名称：____________________

合伙（合作）人与合伙（合作）协议：

甲方：

性别：

身份证号：

住址：

乙方：

性别：

身份证号：

住址：

丙方：

性别：

身份证号：

住址：

经营项目	
合伙期限	
股份占比	
出资方式	
出资数额与期限	
利润分配和亏损分摊	
经营分工、权限和责任	
合伙人个人负债的责任	
协议变更和终止	
其他条款	

六、固定资产

根据预测的销售量，假设达到100%的生产能力，企业需要购买以下设备：

名称	数量	单价	总费用（元）

供应商名称	地址	电话或传真

固定资产和折旧概要：

项目	价值（元）	年折旧（元）
工具和设备		
交通工具		
办公家具和设备		
合计		

七、流动资金（月）

（一）原材料和包装

项目	数量	单价	总费用（元）

供应商名称	地址	电话或传真

（二）其他经营费用（不包括折旧费和贷款利息）

项目	费用（元）	备注
业主的工资		
雇员工资		
租金		
营销费用		
合计		

八、销售收入预测（12 个月）

月份	销售数量	平均单价	月销售额
1			
2			
……			
11			
12			
销售总收入			

九、销售和成本计划

<table>
<tr><td>大项</td><td colspan="2">细项月份</td><td>1</td><td>2</td><td>3</td><td colspan="2">……</td><td>11</td><td>12</td><td>合计</td></tr>
<tr><td rowspan="3">销售</td><td colspan="2">含流转税销售收入</td><td></td><td></td><td></td><td colspan="2"></td><td></td><td></td><td></td></tr>
<tr><td colspan="2">流转税（增值税等）</td><td></td><td></td><td></td><td colspan="2"></td><td></td><td></td><td></td></tr>
<tr><td colspan="2">销售净收入</td><td></td><td></td><td></td><td colspan="2"></td><td></td><td></td><td></td></tr>
<tr><td rowspan="8">成本</td><td colspan="2">业主工资</td><td></td><td></td><td></td><td colspan="2"></td><td></td><td></td><td></td></tr>
<tr><td colspan="2">员工工资</td><td></td><td></td><td></td><td colspan="2"></td><td></td><td></td><td></td></tr>
<tr><td colspan="2">租金</td><td></td><td></td><td></td><td colspan="2"></td><td></td><td></td><td></td></tr>
<tr><td colspan="2">营销费用</td><td></td><td></td><td></td><td colspan="2"></td><td></td><td></td><td></td></tr>
<tr><td colspan="2">……</td><td></td><td></td><td></td><td colspan="2"></td><td></td><td></td><td></td></tr>
<tr><td rowspan="3">原材料（列出项目）</td><td>（1）</td><td></td><td></td><td></td><td></td><td></td><td></td><td></td><td></td></tr>
<tr><td>（2）</td><td></td><td></td><td></td><td></td><td></td><td></td><td></td><td></td></tr>
<tr><td>……</td><td></td><td></td><td></td><td></td><td></td><td></td><td></td><td></td></tr>
<tr><td rowspan="5">税费</td><td colspan="2">总成本</td><td></td><td></td><td></td><td></td><td></td><td></td><td></td><td></td></tr>
<tr><td colspan="2">利润</td><td></td><td></td><td></td><td></td><td></td><td></td><td></td><td></td></tr>
<tr><td colspan="2">企业所得税</td><td></td><td></td><td></td><td></td><td></td><td></td><td></td><td></td></tr>
<tr><td colspan="2">个人所得税</td><td></td><td></td><td></td><td></td><td></td><td></td><td></td><td></td></tr>
<tr><td colspan="2">其他</td><td></td><td></td><td></td><td></td><td></td><td></td><td></td><td></td></tr>
</table>

十、现金流量计划

大项	月份细项		1	2	3	……	11	12	合计
现金流入	月初现金								
	现金销售收入								
	赊销收入								
	贷款								
	其他现金流入								
	可支配现金（A）								
现金流出	现金采购支出	(1)							
		(2)							
	赊购支出								
	业主工资								
	员工工资								
	租金								
	营销费用								
	公用事业费								
	现金流出								
	维修费								
	贷款利息								
	偿还贷款本金								
	保险费								
	登记注册费								
	设备								
	其他（列出项目）								
	税金								
	现金总支出（B）								
	月底现金（A－B）								

第三节　大学生自主创业企业管理

新创企业往往处于变化、复杂、混乱、矛盾、资源匮乏状态之中，因此，创业者必须积极地识别和开发市场机会，以创新方法开发潜在客户。大学生多以中小企业开始创业，中小企业创业经营管理运作包括创业者投资动机、明确创业目标、拟订规划方案、可行性分析、投资决策、经营项目开发建设，以及到经营项目建成后的生产、销售以及长期企业经营管理，它是一种综合性的创造与管理运作过程。

一、新企业的营销管理和策略

新创企业的营销管理主要包括选择目标市场、疏通销售渠道、整合营销手段三个方面的内容。

（一）选择目标市场的步骤

步骤一：将市场细分。在市场上，由于受许多因素的影响，不同的消费者常有不同的消费需求和消费习惯。因此可以将整个市场按照需要的相似性分为若干子市场，每个子市场都由有相似需求或相似消费习惯的消费者构成。

步骤二：选择目标市场。在对市场进行细分之后，要对这些细分市场的规模与发展前景、细分市场结构的吸引力、新创企业的发展目标和现有资源等方面进行评估，然后选择适合自己企业的目标市场。

（二）疏通销售渠道

销售渠道，是指产品由生产者到用户的流通过程中所经历的各个环节连接起来形成的通道。如：温州的一家制鞋厂→义乌服装批发市场→某服装零售店面→消费者，这一条由制鞋厂到终端客户之间的渠道必须保证畅通。

销售渠道按其有无中间环节和中间环节的多少，可分为四种基本类型：

第一种：生产者→消费者；

第二种：生产者→零售商→消费者；

第三种：生产者→批发商→零售商→消费者；

第四种：生产者→代理商→批发商→零售商→消费者。

（三）整合营销手段

整合营销手段是根据产品特点和经营目标的要求，有计划地综合运用各种有效的促销手段所形成的一种整体的促销措施。企业促销组合包括营业推广、人员推销、广告和公共关系四个方面。

（1）营业推广：也叫销售促销，是指将产品及相关的有说服力的信息告知顾客并说服顾客购买该产品的市场营销活动。企业设法用降价、奖励、礼品、表演等来吸引顾客，以达到销售产品的目的。

（2）人员推销：是指企业通过派出销售人员与一个或一个以上可能成为购买者的人交谈，做口头陈述，以推销商品，促进和扩大销售。

（3）广告：是为了某种特定的需要，通过一定形式的媒体，公开而广泛地向公众传递信息的宣传手段。

（4）公共关系：是通过获得有利的公众宣传而与公司的不同客户建立良好的关系，以此建立良好的公司形象，对付或消除不利的谣言、传闻或事件。公共关系的主要活动包括借助新闻媒体；参与和赞助各种社会公益事业；举办有影响力的活动；展览会或展销会；特殊纪念活动；建立企业形象识别系统。

二、新企业财务管理的技巧和策略

（一）新创企业财务管理的重要任务

以财务制度管理为核心，以成本控制为重点，建立产、购、销、存一体化的内部财务信息系统，重视企业财务的安全管理，并持续地改进，使财务管理为企业创造效益，为企业的发展壮大奠定良好的基础。

（二）财务管理的四个重要方面

1. 核心资产的管理

企业核心资产包括现金资产、存货资产、设备设施。管理企业核心资产应注意：第一，加强资产单据的建账管理。第二，定期核对账目。现金方面，出纳人员要定期与会计人员核对账目以保证现金流入流出与账目相符。存货方面，要做好存货的入库、保管、出库等环节的记录，并要定期或不定期地盘存，做到账货相符；设备设施如电脑、打印机、复印机、扫描仪等也要定期清点。

2. 融资资金的管理

第一，创业融资管理应注意融资成本，新创企业应考虑不同融资渠道的融资成本，要学会在投资收益率和资金成本的权衡中做出最佳选择，寻求成本较低的融资组合；第二，创业融资管理应注意“焦油陷阱”，即避免过度负债而造成的短期高投资收益率的假象。

3. 应收账款的管理

现金对于初创企业，如同血液对于人一样重要，一旦企业出现负现金流，将会发生偿债危机，还可能导致破产。企业一定要对销售货款、预付购货款和其他应收款进行严格监督，及时回收和结算。

4．财务管理制度的构建

初创企业往往会犯重销售业绩轻财务管理的大忌。但事实上，构建一套合理有效的财务管理制度与经营业绩同样重要。

三、新企业的风险控制和化解

虽然现在国家或地方政府都在大力提倡、鼓励大学生创新创业，也出台了很多优惠政策和办法，但是大学生还是应该清醒地意识到：创业是一种风险较高的事情，要正确认识创业风险，学会风险防范及控制。

（一）加强以人为核心的管理控制

管理控制的范围很广，包括企业内部除了会计控制之外的所有控制，如企业发展战略、组织结构、人事管理、安全和质量管理、部门间的关系协调和企业负责人及高层管理决策及行为等方面的控制，但重点是与人的行为紧密相关的组织结构、人事管理控制等。

1．推进现代企业制度建设，完善法人治理结构

在现代企业制度下，通过建立健全法人治理结构，在股东会、董事会、监事会和经理层之间合理配置权限、公平分配利益，明确决策、执行和监督责任，在企业内部形成一种有效的激励、监督和制衡机制。这既是内部管理控制的重要内容，也是企业内部控制制度建立的基础和有效运行的前提。因此，针对我国目前在建立现代企业制度过程中，公司治理结构尚不十分健全，运行也不规范，存在董事会“空壳”“内部人”控制、权力过分集中等情况，企业需要做好以下几方面工作：

（1）强化董事会的功能，扩大独立董事在董事会的比例。要改善我国企业董事会在内部控制体系中严重缺位的现状，首先要强化董事会在公司治理结构中的主导地位，突出董事会在建立和完善内部控制体系过程中的核心作用。在所有权与经营权相分离的情况下，董事会接受股东大会的委托行使对公司的控制权和决策权，如董事会有权选聘和激励主要经理人员、对全体股东负责和向股东报告公司的经营状况、确保公司的管理行为符合国家法规、进行战略决策等。董事会对企业的控制权主要体现在董事会必须对整个公司实施监控，如制定资本预算体系、业绩考核体系、会计核算体系等一系列制度。其次扩大独立董事在董事会的比例，使其能在董事会中与内部董事平分秋色甚至占绝对优势。美国独立董事制度之所以有效，主要原因是独立董事在董事会中占优势地位。根据美国学者 1997 年对 500 家公司的调查统计分析，94% 的被调查公司的独立董事比例在 60% 以上。我国公司法应明确规定，股份有限公司的独立董事应

占董事人数的50%以上。再次是明确董事会内部分工，设立专门委员会，使其在内部审计、预算编制和控制、对外采购、薪酬激励机制的建立、投资和融资决策等一系列对内部控制至关重要的活动中发挥监控作用，从而有利于企业会计信息真实性的提高、企业经营管理目标的实现及保护所有者资产的安全和完整。

（2）完善监事会制度。我国规定股份公司必须设立监事会。在引进外部董事制度后，仍然应当继续发挥监事会的监督职能。监事会应当以财务监督为核心，应当保证监事会能独立、有效地行使对董事、经理履行职务的监督和对公司财务的监督和检查。为使其能够胜任财务监督等职责，监事应具有法律、财务、会计等方面的专业知识或工作经验。德治与法治相结合，建立良好的企业文化氛围。企业在加强法治的同时，必须重视德治建设，这是市场经济发展的必然要求。企业德治必须有一个道德规范和原则，企业内部控制应当建立在共同的伦理道德规范的基础上，形成真正意义上的团队精神。只有当企业中的每一个员工目标明确，观念趋同，内部控制才更有实效。企业内部控制的逻辑起点应当是“修己安人”。“修己”就是自我管理，而自我管理是未来企业内部控制的总纲。

企业文化是一个企业在长期经营实践中所凝结起来的一种文化氛围、企业价值观、企业精神、经营境界和广大员工所认同的道德规范和行为方式。良好的企业文化氛围能为内部控制程序的执行创造良好的人文环境。

2. 改进人力资源管理机制，提高企业人员素质

一个企业的人力资源政策直接影响到企业中每一个人的表现和业绩。良好的人力资源政策对培养企业人员、提高企业人员的素质、更好地贯彻和执行企业内部控制有很大的帮助。因此，企业应面向人才市场，引入竞争机制，合理配置企业人力资源，形成任人唯贤、优胜劣汰的用人机制。企业经营管理者的素质直接影响到企业的行为，进而影响到企业内部控制的效率和效果。因此，企业应加强对企业经营者的学习教育，从知识、技能到职业道德、经营理念等方面提高其素质，逐步形成学习型企业，从而提高内部控制的效率。

（二）确立以会计系统为核心的会计控制

根据新《会计法》和财政部《内部会计控制规范——基本规范（试行）》的规定，结合企业现状，现代企业会计控制应重点抓好以下几方面工作：

1. 实行全面的预算管理，做到企业收支心中有数

预算管理是指企业为达到既定目标而编制的经营、资本、财务等年度收支计划，这是企业管理现代化的重要标志。预算是控制的基础，只有在预算体系正确完整的基础上，才能谈得上完善的内部控制。

（1）预算的内容。凡是与企业经营活动有关的内容，如采购、销售、成本费用、

固定资产投资、人员流动、现金流量等都应纳入预算管理范畴，但应以营业收入、成本费用、现金流量作为预算重点，以利润目标为预算起点，实行有效监控。营业收入是企业生存和发展的基础，营业收入预算是否得当，关系到整个预算的合理性和可行性。成本费用预算是支出预算的重点，既要考虑经营性支出，更要对资本性支出项目实行“量入为出”的预算管理，杜绝没有资金来源或负债风险过大的资本预算。现金流量则是企业在预算期内进行正常经营管理活动的保证，没有先进的现金流量预算，整体预算管理将成为无米之炊。

（2）预算的编制和执行。全面预算是一项集体性工作，需要企业的各部门和员工的积极参与，但无论采用自上而下还是自下而上的编制方法，决策权都应该落实在内部管理的最高层，如成立由董事长、经理层及各部门主管组成的预算管理委员会，并由其进行决策、指挥和协调整个预算工作。预算调整或追加实行逐项申报、审批制，各部门不得擅自调整预算。预算的执行由各预算单位组织实施，并辅之以对等的责任、权利与义务关系。

（3）预算的监控与考核。预算管理的核心是监控，监控有序可以确保预算目标的完成。内部审计部门将经营活动同企业的预算目标相联系，随时根据预算目标对预算执行情况进行监督，并向管理层报告。预算期终了时，将其作为监控预算执行情况及对预算执行者执行预算效益实绩的考核依据；预算的实际执行必须与预算相符，并将其作为考核预算制定者制定预算效益实绩的标准。

2. 加强会计系统控制，确保会计信息真实、完整

会计系统是企业为了汇总、分析、分类、记录、报告企业交易，并保持对相关资产与负债的受托责任而建立的方法和记录。会计作为一个控制信息系统，对内向管理层提供经营管理的诸多信息，对外向投资者、债权人等提供用于投资等决策的信息，是有效实施会计控制的核心。企业要依据《会计法》和国家统一的会计制度，结合自身实际，制定适合本企业的会计制度，明确会计凭证、会计账簿和财务会计报告的处理程序，建立和完善会计档案保管和会计工作交接办法，实行会计人员岗位责任制，充分发挥会计的监督职能。

会计系统控制主要包括：货币资金控制、实物资产控制、对外投资控制、工程项目控制、采购与付款控制、销售与收款控制、成本费用控制、资金筹措控制、担保业务控制等。这些控制制度又可根据涵盖的内容，细分为若干具体控制制度，从而构成一个完整的内部会计控制制度体系。如货币资金控制制度，涵盖了现金、银行存款、其他货币资金等内容，涉及货币资金的收支保管、授权审批及不相容岗位相互分离、制约等环节。各项控制制度之间要相互衔接，口径一致，避免出现相互矛盾的现象。无论哪一项控制，在会计系统中要做到：确认并记录企业所有真实的交易；及时且充

分详细地描述交易，以便在会计报表上对交易作适当的分类；正确计量交易的价值，以便在会计报表上记录其适当的货币价值；确定交易发生的时间；在会计报表上公允披露交易及相关事项。

3．建立和完善内部审计制度，促使企业的经营管理正常进行

内部审计是企业对其内部各项经济活动和管理制度是否合理、合规、有效所进行的监督和评价，它可以说是其他内部控制的再控制。内部审计有助于企业发现经营管理中存在的问题，对于促进企业依法经营，提高会计信息质量有十分重要的作用。

建立健全内部审计机制。建立由董事会或审计委员会直接领导的内审体制，内审不受管理层制约，独立客观地开展工作。明确内审的宗旨、职能和地位、权限，以及内审范围、程序、方法等。内审机制要有畅通的报告关系，能直接向内部管理层之外的阶层报告。内审与外审、上一级审计与下一级审计相结合多层次开展内部审计工作。由于客观地位的局限性，内审无法对本企业领导者和同级管理层进行审计。为弥补这一控制的薄弱环节，应该会同外部审计或上级内审部门负责对下级管理层的审计，对各级管理层进行有效的监督和控制，充分发挥内审的作用。

加强对内部控制系统的监督与评价。通过一般性的财务收支审计，发现内部管理方面的漏洞，提出改进措施，防止或减少风险事件的发生，促进企业提高效益。

抓好经济责任和效益的审计。市场经济条件下，企业领导的素质和管理行为将直接决定企业的兴衰，搞好企业领导任期经济责任审计是投资者和管理者对经营者监管的共同要求，这就必须使领导任期经济责任审计成为一种制度。同时，要加大对企业效益的审计力度，审查其核算是否合规准确，有无虚报盈亏的情况，保证会计信息的真实可靠，变企业短期行为为长期行为。

（三）加强风险管理，化解企业风险

内部控制虽然可以防范企业风险，并构成风险管理的必要环节，但内部控制并不等于风险管理本身，它不能转嫁、承担、化解或分散企业风险。因此，企业必须加强风险管理。只有这样，当企业风险产生并威胁到企业的生存和发展时，通过风险管理，才能转嫁、承担、化解企业风险。由于导致风险发生的因素多种多样，选择某一种对策不一定能规避风险的发生和减少风险损失。所以，进行风险管理时，应在研究分析风险特性的基础上选择一种或数种最好的解决途径，就像对人治病一样尽可能做到预防和治疗相结合。

1．明确风险控制的目标责任

在健全的法人治理结构下，企业经营者全盘负责本单位的风险管理，建立从董事会到各职能部门、员工个人的严密、畅通的信息网络，形成以各部门、各小组为单位的风险责任中心，确定风险控制的目标责任到具体每个人。一旦发现问题，能够及时

找到负责人，并结合有效的奖惩制度，确保责任人在未来经营期间不再重蹈覆辙。在确定收益增长、业务创新的同时，明确现金流量、投资回报、资金周转等具体的财务指标，使风险控制细化到基层部门，企业每个员工都承担风险控制的责任。

2. 建立风险预警机制，规避事前风险

风险的预警、评估既是现代企业内部控制的重要组成内容，更是企业风险管理的基础。通过预警系统，企业一旦有风险的苗头出现，即可进行防堵，把风险消灭在萌芽状态，以避免或减弱对企业的破坏程度。企业在编制预算时，每个部门应制订清晰的风险管理目标，将该部门可能出现的商业风险和财务风险细化分析，预设能够承受的各种目标，一旦超出这些目标，就进行调整，使企业按既定目标运行。

3. 事中风险、事后风险的管理

在企业经营活动过程中，风险与危机可能存在的前提下，运用各种定量、定性分析方法，观察监督风险状况，及时预防、阻止、抑制不利因素的发展，使风险减少到最低限度。如企业通过参加保险、签订合同、要求担保、承包和租赁等方式，将风险损失及其有关财务后果转嫁给其他单位或组织，实现风险社会化；企业进行多角经营或筹资，使项目之间盈亏互补，增加企业销售和盈余的稳定性，把投资风险不同程度地分散给它的股东、债权人、供应商等。在风险已经发生的情况下，企业应合理处置，最大限度地减少损失给企业带来的不利影响，确保继续生存、维持企业正常运营，并吸取教训，做出必要的总结和调整。

思政之窗

多措并举提升学生职业素养和就业创业能力

为全力推动高校毕业生更加充分更高质量就业，河北省教育厅日前发出通知，在全省高校实施就业育人行动计划。力争今年引领全省高校就业创业方面打造精品课程、开展实践和赛事活动、形成品牌讲座、推介典型案例等，稳步提升学生职业素养和就业创业能力。

为提升学生职业素养和就业能力，各高校将完善职业生涯发展与就业指导、创业指导课程体系建设，提升教育教学质量。持续打造“互联网+就业指导”公益直播课，扩大受益面。省教育厅将遴选建设20门就业创业指导名师金课，组织开展全省高校就业创业指导系列课程教师教学大赛，选拔30名就业创业指导名师进入专家库，推动各高校不断提升就业创业指导水平。

为增强毕业生实践能力和职业认知，各高校应精心组织开展职业生涯规划、创新创业、模拟面试等赛事活动，确保普及性和覆盖面。开展企业文化进校园活动，开展社会实践和调查研究，安排学生实习实训。省教育厅将组织开展河北省大学生职业生涯规划比赛、“互联网+”大学生创新创业大赛等赛事活动。

为鼓励毕业生到基层（部队）建功立业，各高校将通过校园文化活动、网络短视频、网上云课堂等形式，准确宣传介绍国家支持鼓励毕业生到基层就业、自主创业、应征入伍、公务员和事业单位招考等方面的政策与形势。建立可随时查询的政策信息宣传资源库，利用新媒体渠道公开发布，增强政策宣传的传播力和广泛性。省教育厅将联合有关部门，深入开展政策宣传进校园活动，助力高校做好就业、创业、大学生征兵等政策宣讲，激发广大毕业生留冀就业创业的内在热情。

为毕业生就业创业提供更多的渠道和服务。加强就业工作信息化建设，组织开展各种线上线下校园招聘活动。分类开展就业创业指导，做好职业发展与就业心理咨询服务，及时疏导毕业生求职焦虑，合理引导学生就业期望，鼓励毕业生积极求职择业或自主创业。做好重点群体就业帮扶，确保就业困难学生有专人包联，能够及时提供就业创业指导和服务。发挥好大学生创业孵化园、众创空间等平台作用，为学生创新创业实践提供指导和服务。省教育厅将加大对高校创业实践指导服务工作的督导评价，实时监测重点群体毕业生就业状况。

（资料来源：《河北日报》，2022 年 04 月 07 日）

思考与训练

1. **案例分析**

为什么很多大学生创业都失败了，大学生应不应该创业？关于这个问题，网友们也是各抒已见。

网友一：大学生若创业一般可能都是没有经验的，并且国内的创业环境又不如在国外，比如美国，基本上一个公司成立之后在某一个时间都可以通过成熟的职业经理人来帮他解决问题。而国内就算是一般的职业经理人，也看不上小公司，更别说是创业初期的。所以你一定要有个团队，一个合得来的团队，而不是一个人单打独斗。创业过程中需要管理，市场，营销，财务等，一个人的精力是有限的，而且每个人都有自己的长处，也有自己的短板，团队成员之间若能互补，才能拧成一根一股劲儿的绳，度过每个艰难的瓶颈。

网友二：创业是浮躁的。每十个选择创业的人中，有九个是抱着一夜暴富的心态。大部分人觉得自己有了一个好 idea，便等于拥有了一切。靠着巧舌如簧的嘴巴，外加一个 PPT，整日奔波在寻找天使投资的路上，天天盼着有人赏识自己的 idea，盼着一觉醒来自己已经能够与马云比肩，和马化腾称兄道弟。

其实，创业哪有这么简单！创业是一种选择，更是一种坚守，是对梦想执着的追求，也是对自我的反思与沉淀，创业是在积累中缓慢隐忍，是在积攒充足之后满怀激情的释放，它是一种带热度的大爆发。只是，太多的人没有等待的耐心，太多的人少了自我充实的谦逊，对自我的高看从开始就注定不能以学习者的心态来应对未知的挑战。

网友三：在这个鼓励自主创业的时代，大学生作为社会未来的主力军自然有许许多多的创业者和想创业的人，大学生创业有利有弊，我认为大学生刚进入社会不宜立马创业。应该先就业再创业，这样最起码的经验和人缘都具备了。从工作中可以学到该行业的特性、供需状况，建立良好的人际关系。先就业也能自己积攒一定的创业资金，而不必去和家里要，徒增家里的负担。

大学生有创业理想是好的，但是创业的道路任重而道远，艰难险阻是平常人体会不到的，在创业的道路上要细细斟酌每一步，规划好每一条路，才能在创业道路上越走越远。

（1）他们的建议对你有什么启发？

（2）关于大学生自主创业，你又有什么样的看法？

2. 探讨回答

（1）大学生自主创业有何意义？

（2）你认为自己适合创业吗？请说明理由。

3. 课后反思

（1）创业信息收集的原则是什么？

（2）市场调查的内容有哪些方法？

4. 实际操作

根据自身实际，尝试制作一份创业计划书。

参考文献

［1］张令峰，曹安民，石智生．大学生职业生涯规划［M］．长春：吉林大学出版社，2017.

［2］洪岩辉，龙京红，唐新国．大学生职业发展与就业指导［M］．上海：上海交通大学出版社，2017.

［3］蔡松伯，金晶，彭晓清．大学生就业知识与技巧［M］．成都：西南财经大学出版社，2016.

［4］董桂英．求职与就业能力训练［M］．北京：机械工业出版社，2015.

［5］拜五四．大学生就业与创业实训教程［M］．北京：科学出版社，2014.

［6］张艳．大学生职业指导实训教程［M］．2 版．北京：高等教育出版社，2014.

［7］李军雄，熊安锋．大学生职业发展与就业创业指导［M］．北京：北京邮电大学出版社，2013.

［8］毛婷婷，门奎英，王婵，周蓉．大学生就业指导与实践［M］．北京：清华大学出版社，2022.

［9］北森生涯学院组，王占军．大学生职业生涯规划咨询案例精编［M］．上海：华东师范大学出版社，2017.

［10］田力，黄泓嘉，牟萍，钟华，孙柳艳．大学生就业指导与实务［M］．北京：清华大学出版社，2022.

［11］杨京智．大学生创新创业基础［M］．北京：人民邮电出版社，2020.